나는 내 상처가 제일 아프다

불안과 결핍을 안고 살아가는 **영원한 어른아이들을 위한 위로 심리학**

나는
내 상처가
제일
아프다

박민근 지음

레드박스

누구나 자신만의
상처를 안고 살아간다

지은 씨는 서른이 넘도록 겁먹은 아이처럼 집에서만 지냈다. 부모가 미친 듯이 채찍질해서 억지로 집어넣은 명문대에 한 해 정도 다닌 후로는, 그나마 걸쳐놓은 세상과도 인연을 끊은 상태였다. 그녀는 세상이 너무 무섭다고 했다. 그녀가 겪어온 세상은 지독스러우리만치 사악하고 악랄한, 견딜 수 없을 정도의 고통과 상처만을 안겨주는 곳이었다. 10년 가까이를 홀로 외롭게 지내다 용기를 내어 상담실을 찾은 그녀가 내게 물었다.

"저 같은 사람도 세상에 나가 살 수 있을까요?"

권터 그라스 원작의 영화 〈양철북〉은 나치 통치하에 벌어지는 인간의 부조리와 자기기만을 다룬 작품이다. 주인공 오스카는 어른의 지성을 가졌지만 비정상적인 어른들의 세상을 목격한 후, 고의로 사고를 일으켜 몸의 성장을 멈춘 채 어린아이로 살아간다. 오스카가 목에 걸고 다니는 양철북은 부조리한 세상을 거부하며, 세상의 뜻대로 살지 않겠다는 상징적 의미를 담고 있다. 오스카는 세상과 대결할 때마다 세차게 양철북을 두드린다.

오스카와는 반대로 몸은 어른이지만, 마음은 어린아이인 지은 씨는 TV 뉴스를 보면 세상에 악마들만 사는 것 같아 그 속에 나가기가 무섭다고 했다. 그리고 자신은 세상에 대해 아는 것이 하나도 없다고. 어린 시절 내내 국영수 공부만 했지, 좋아하는 사람이 생기면 어떻게 대해야 하는지, 싫은 사람을 만나면 또 어떻게 거절해야 하는지 방법을 모른다고 했다.

그녀는 유난히 까다롭고 예민한 성격의 소유자였고, 쉽게 불안해지는 기질을 갖고 있었다. 또 항상 성적만을 강요하며 정서적 학대와 폭언을 일삼았던 부모 밑에서 겁먹은 아이인 채로 살아와 자기 상실감이 컸다. 사랑을 주지 못하는 부모는 자식이 어른으로 성장할 자양분을 빼앗는다. 그럴 때 성인이 된 자녀는 제대로 살지 못하고 폭주와 충동의 삶을 살아가는 경우가 많다.

또 우리는 인생에서 어른의 삶으로 이끌어줄 '의미 있는 타인'을 만나지 못했을 때도 미숙한 채로 살기 쉽다. 진정한 스승이 없고 어른다운 어른이 사라진 지금, 세상에는 너무도 많은 이들이 어른이 되지 못한 채 껍질 속에서 꿈틀대는 애벌레로 살아간다. 지은 씨는 그 모든 요인이 뒤섞여 도무지 어른이 되지 못하고 있었다.

나는 그녀에게 상처를 다루는 법은 혼자서는 배울 수 없다고 말해주었다. 그렇다. 상처를 이기려면 사람들 속으로 들어가 그 가운데서 얽히고설켜 살며 배워야 한다. 세상에는 좋은 사람도 있지만, 나쁜 사람도 있고, 내게 무심한 사람도 많다. 사람에게서 희망과 사랑만을 배울 수는 없으며, 때로는 거짓과 미움, 실망과 체념도 배워야만 한다. 상처 다루는 법은 책이나 손안의 스마트폰에 적혀 있지 않다. 내가 몸으로 마음으로 겪은 꼭 그만큼만 알 수 있다.

상처를 극복하고 어른이 되려면 사람만큼 일도 중요하다. 나에게 맞는 소중한 일을 찾고, 그 일을 사랑할 수 있게 된다면 어른다운 삶에 한층 가까워질 수 있다. 때로 사랑하기 어려운 일은 아무리 조건이 좋더라도 선선히 포기할 줄 알아야 한다. 우리 주변에는 어리석게도 싫은 일을 하며 아까운 삶을 낭비하는 사람들이 많다. 죽는 날까지 사랑할 수 있는 일을 찾는 것은 내 삶에 주어진 영원한 의무다.

나는 지은 씨에게 평소 알고 있던 여러 모임을 소개해주었다. 활발한 토론이 이루어지는 독서모임과 내담자 가운데 한 명이 가입해 큰 위안을 얻었던 영화 동호회도 소개했다. 그리고 내가 운영하는 집단 독서치료에도 참가하게 했다.

지은 씨는 세상에 이렇게 좋은 사람들이 많은 줄 몰랐다고 말하며 놀라워했다. 나는 쓰라린 개인적 체험이 때로 자신을 마음의 지하실에 가둘 수 있으니 항상 경계해야 한다고 조언했다. 여러 모임에 참가하며 지은 씨의 우울증과 대인기피증은 어느새 조금씩 호전되어갔다. 우정과 온정, 사람들 속에서 호흡하는 법을 배우며 지은 씨는 다시 어른이 되어가고 있었다. 멈췄던 마음의 성장판이 자라기 시작한 것이다.

상담이 종료되고 여러 달이 지난 어느 날 보내온 메일에서 지은 씨는 모임에서 만난 한 남성과 열렬한 사랑에 빠져 있다고 했다. 그리고 어쩌면 그와 결혼할지도 모르겠다고. 무엇보다도 예전부터 자신이 해보고 싶었던 서점 아르바이트를 하며 일한 만큼의 대가를 받고 기뻐하는 자신이 무척 대견하다고 했다. 그녀는 자신의 알을 깨고 나와 세상에 제법 잘 적응하고 있었다.

《양철북》을 통해 나치 체제를 신랄하게 비판하며 노벨문학상까지 받은 작가 귄터 그라스는, 말년에 한때 나치의 무장친위대Waffen-SS였던 사실이 밝혀지며 명성에 큰 타격을 입었다. 나치 문제에 앞장서서 반성을 촉구해온 작가로서 자신의 나치군 복무 전력을 60년 이상 밝히지 않았다는 점은 충분히 비판받을 만했다. 그는 이 사실이 밝혀진 후 죽을 때까지 수치스러워했다.

인생이란 그런 것이다. 끝까지 자신을 지켜내기 힘든 것이 삶이다. 갖은 고초를 겪고 난 후 《양철북》의 주인공 오스카는 다시 몸을 자라게 하기로 결심한다. 끝내는 세상에 순응하고 어른이 되기로 마음먹은 오스카처럼 우리 역시 인생이라는 맞지 않는 옷에 자기 몸을 맞추며 살아간다.

나 역시 서른을 훌쩍 넘겨서야 제대로 된 어른이 되었다. 허깨비 같은 것들을 좇으며 어른인 척, 잘난 척하던 20대를 되돌아보면 참 허무하다. 지금 생각하면 참 별것 아닌 한 차례 역경에 그만 모든 것이 유리병처럼 산산조각 나고 말았다. 그리고 정확히 서른부터 서른 셋 정도까지 나는 완전히 길을 잃고 몹시 참담한 방황과 침잠의 시간을 보냈다.

당시 내게 상처를 딛고 다시 어른이 되는 여정은 참 힘겨우면서도 동시에 대견한 일이었다. 나는 다시 어른이 되는 법을 배워야 했고, 좋은 어른은 부족한 자신을 있는 그대로 받아들일 줄 아는 사람이라는 진실을 절감했다. 인간은 한 번의 성인식으로 어른이 되는 것이 아니라, 길고 긴 삶의 여로를 한 발 한 발 용기 있게 걸어 나갈 때 진정한 어른이 될 수 있다는 사실도 깨달았다. 책을 읽고 끊임없이 반성하며, 매일매일 미래를 밝히는 고된 노동을 하며, 함께 사는 사람들에게서 빛나는 가치와 사랑을 발견하는 일이 지금 이 순간도 나를 조금씩 어른으로 키워내고 있다.

나는 10대 시절 윤동주 시인을 흠모했다. 그를 사랑하는 마음이 작가로서의 꿈을 갖게 한 밑거름이었다. 서른 즈음 우울증으로 힘겹던 시절 늘 마음으로 암송하던 윤동주 시인의 시 〈길〉에는 '내가 사는 것은 다만, 잃은 것을 찾는 까닭입니다'라는 구절이 나온다. 이 시를 빌려 나는 상처를 이기고 어른이 되는 과정이란 다만 '잃은 길을 찾아가는 과정'이라고 말하고 싶다.

10년이 넘는 시간 동안 마음이 아픈 사람들을 만나며 깨달은 중요한 사실 하나는, 사람의 마음은 생각보다 강하다는 것이다. 한없이 연약해 보이는 것이 인간이지만, 순간의 다짐으로 몇십 년 동안 넘지 못했던 자신의 상처를 뛰어넘는 것이 또한 사람이다. 이 책에 나오는 정수 씨가, 기란 씨가, 미란 씨가 바로 그 주인공들이다.

이 책에서 나는 우리에게 자꾸만 상처를 주는 현실을 분석하고 그 현실을 극복해나갈 수 있는 심리적인 방법을 조언하고자 한다. 또 다양한 내담자들의 사연을 통해 우리 자신을 다시금 돌아보고 스스로 해답을 발견하도록 도울 것이다.

나에게도 아직 어른으로 가는 길은 끝나지 않았다. 우리는 매일 새로운 상처를 이겨내며 한 걸음씩 어른이 되어가고 있다. 물론 어른으로 가는 길은 힘들다. 하지만 그렇기에 인생이 의미 있는 것 아닐까.

차례

프롤로그 누구나 자신만의 상처를 안고 살아간다　　　004

CHAPTER 1 **왜 나는 아프다는 말도 못하고**

성공이 행복이라 믿는 사람들에게　　　017

마땅히 사랑해야 할 것을 사랑하지 못하고　　　025

다른 사람의 인정과 칭찬에 매달리지 마라　　　033

삶이란 원래 불안한 것　　　040

나를 잃으면 모든 걸 잃는다　　　047

어른으로 살아가길 거부하는 사람들　　　054

서툴지만 어른으로 살고픈 당신을 위한 **TIP**　　　060
_삶을 온전히 사랑하기 위한 열 가지 방법

CHAPTER 2 상처투성이 세상에서 길을 잃지 않는 법

안전한 길만 가는 사람은 인생의 재미도 얻을 수 없다   067
어쩌다 나는 사랑 불능자가 됐을까?   075
더 나은 삶을 위한 버리는 연습   083
세상 모든 일이 내 책임은 아니다   090
상처투성이 세상에서 길을 잃지 않는 법   097
아무리 절박해도 넘지 말아야 할 선이 있다   105

서툴지만 어른으로 살고픈 당신을 위한 **TIP**   111
_일상을 행복하게 만드는 열 가지 방법

CHAPTER 3 사랑이 끝나도 인생은 계속된다

누구도 죽고 싶은 사람은 없다   115
내가 먼저 사랑할 때만 얻을 수 있는 것들   123
결혼하지 않으면 불행해질까?   132
인생은 타인과의 경쟁이 아니다   138

어떤 경우에도 미루지 말아야 할 위로   148

행복을 포기하지 않고 살아가는 법   157

서툴지만 어른으로 살고픈 당신을 위한 **TIP**   163
_삶의 축제를 연장하는 세 가지 방법

CHAPTER 4 그 누구에게도 상처받지 않겠다는 결심

멀리 돌아본 사람만이 얻을 수 있는 것들   169

나를 사랑하면 다른 사람의 사랑도 얻을 수 있다   177

우정 없는 비정한 세상에서 살아가는 법   184

작고 평범한 것들이 주는 기쁨   192

인간답지 못한, 그래서 더 슬픈 사람들   200

어른도 작은 상처에 넘어지면 아프다   207

서툴지만 어른으로 살고픈 당신을 위한 **TIP**   215
_낙관성을 높이는 세 가지 방법

CHAPTER 5 나는 부족한 나를 사랑한다

내 인생은 지금, 여기에서 결정된다   221

나만큼 다른 사람도 소중한 존재라는 생각   231

포기하는 것도 습관이다   238

서로의 다름을 인정할 때 삶은 풍요로워진다   246

당신은 상처에 어떻게 반응하는가?   253

내 삶을 바꿀 유일한 사람은 바로 나   260

나는 거부한다, 내게 좋지 못한 것들을   268

서툴지만 어른으로 살고픈 당신을 위한 **TIP**   274
_치유서를 친구처럼 가까이하는 법

일러두기
본문에 등장한 상담 사례는 저자의 실제 상담 사례이나 내담자의 사생활 보호를 위해 가명을 사용했습니다.

CHAPTER 1

|왜 나는 아프다는 말도 못하고|

세상 모든 것엔 금이 가 있다.
빛은 거기로 들어온다.
—

레너드 코헨

성공이 행복이라 믿는
사람들에게

마흔 살의 정수 씨는 뒤늦게 보험설계사 일을 시작한 뒤로 하루에 네 시간 이상 자본 적이 없다고 했다. 서른 초반에 식당을 운영하다 두 번이나 실패하며 30대를 허송세월한 그는, 다시는 실패하지 않기 위해 이를 악물고 혈투를 벌이고 있었다.

그가 속한 영업소에는 수십 년 이상 보험 일을 한 베테랑부터 갓 신입 딱지를 뗀 정수 씨 같은 사람까지 각양각색의 보험설계사들이 모여 치열한 실적 경쟁을 벌였다. 초반에 반짝 실적을 올렸던 것도 잠시, 그는 벌써 두 달째 계약을 성사시키지 못하고 있었다.

10년간 번번이 사업이 망하면서 아내와의 불화도 심했다. 이혼 도장을 찍고 갈라서려 한 적도 여러 번이었지만, 하나뿐인 딸을 생각하며 매번 부부는 마음을 돌렸다. 지인 소개로 보험 청약을 부탁하러 온 정수 씨와 나는 한 시간가량 이야기를 나누었다. 대화를 나누다 보니 정수 씨에게서 경미한 불안장애의 징후가 보였다.

"불안장애는 금세 부피가 커질 수 있어요. 조심하셔야 해요."

내 이야기에 정수 씨는 정곡을 찔린 듯 놀랐다. 보험을 하다 보니 사람 만날 일이 많고, 사람들로부터 잦은 거절을 당하다 보니 거절 공포증 같은 것이 생겼노라고 실토했다. 근래 들어 고객의 사무실이나 집 앞에서 한참을 머뭇거릴 때가 많았다고. 성사될 것으로 굳게 믿었던 고객에게서 변심의 답변이 들려오면 충격을 받았다.

"거절당하고 나면 하늘이 무너지는 것 같아요."

"거절당하고도 아무렇지 않은 사람은 없을 거예요. 누구나 거절 당하는 상황은 피하고 싶죠."

"그런데 제 일이 이러니 어쩌겠어요."

하루에도 열 번 넘게 당하는 거절은 매번 지난 실패의 기억을 떠올리게 했다. 반 정도는 사담을 나누고, 나머지 반은 나의 보험 청약에 관해 이야기를 나누고 돌아선 정수 씨는 또 오겠다고 해놓고서 한동안 연락이 없었다. 그리고 어느 날 뜻밖에도 내게 상담을 받아보겠다며 전화를 걸어왔다.

다시 찾아온 정수 씨는 팔러 왔다가 되레 사는 입장이 되었다며 농담부터 건넸다. 그의 속은 이미 까맣게 타들어가 있었다. 감춰와서 그랬지 그의 불안은 이미 치명적인 수준에 다다라 있었다.

"어떤 날은 걱정을 하다가 밤을 꼬박 새워요."

정수 씨는 그날도 잠을 한숨도 못 자 토끼 눈을 하고 있었다. 상담을 하며 정수 씨의 불안을 키운 생각의 뿌리 하나를 발견했다. 인생을 성공과 실패로 나누는 극단적인 이분법이었다. 현대인은 누구나 성공 혹은 실패로 세상사를 바라보긴 하지만 정수 씨는 유난히 그 생각이 더 확고했다. 정수 씨의 마음속에서는 성공한 삶과 실패한 삶이 물과 기름처럼 선명히 나누어져 있었다.

성공이 풍족한 돈, 좋은 차, 넓은 집, 화목한 가정, 원만한 인간관계, 효도 같은 일을 연상시킨다면 실패는 쪼들린 삶, 가정불화, 불편한 인간관계, 불효를 떠오르게 했다. 그는 아내와 멀어진 이유도 단지 사업 실패 때문이라고 믿고 있었다. 지금까지의 자기 삶은 완전히 실패한 것이며, 이번이 성공할 수 있는 마지막 기회니 결코 실패해서는 안 된다고 강하게 믿고 있었다.

정수 씨가 그런 생각을 갖게 된 데는 나름의 사연이 있었다. 그는 열 살 무렵까지 꽤 유복하게 자랐다. 아버지가 제법 큰 회사를 운영해 물질적으로 풍족했다. 하지만 그가 초등학교 4학년이던 해 아버지 사업이 부도가 나면서 생활이 완전히 뒤집혔다. 서울 변두리로 이사를 했고, 그전에 누렸던 많은 것을 더 이상 누릴 수 없게 됐다.

장난감이 가득했던 어릴 적 집을 정수 씨는 아직도 그리워했다. 30대까지 갖가지 사업을 벌이며 성공하기 위해 이를 갈았던 것도 잃어버린 영화를 되찾기 위해서였다. '이번에는, 이번에는' 하며 몸부림을 쳤지만 성공은 잡힐 듯 말 듯 하면서 늘 그에게서 달아나기만 했다. 그런데 정수 씨의 아내는 남편의 그런 허황된 생각이 싫었다. 그녀가 이혼힐 생각까지 했던 것은 사업 실패로 살림이 어려워져서가 아니라 남편이 허황된 욕심을 버리지 않는 한 희망이 없다고 생각했기 때문이었다. 그런데 정수 씨는 아직 성공의 야심을 버리지 않고 있었다.

그는 3~4년 실력을 다진 후 기업보험 쪽으로 전향하겠다는 포부를 이야기했다. 아직 모르는 것이 많지만 기업보험 쪽은 큰 계약 몇 건만 따내면 많은 이득을 얻을 수 있다며 장광설을 늘어놓았다. 그런데 현실은 개인보험 계약조차 제대로 따내지 못하고 있는 처지니, 갈수록 자책이 심해지고 절망감 역시 깊어질 수밖에 없었다.

"여기서도 실패하면 어쩌나 두려워요."

과연 성공하기만 하면 불안감이 씻은 듯 사라질까? 행복해질 수 있을까? 정수 씨와 성공에 관한 이야기를 한참 나누었다.

인생의 창고를 가득 채워야 하는 이유

삶의 모든 것이 태생이나 사회제도로 결정되던 과거 사람들에 비해, 성공할 수 있는 권리와 자유가 한껏 주어진 현대인은 오히려 불안하다. 자유가 불안을 가져다준다니, 정말 아이러니하지 아니한가?

자유와 선택이 넘치는 현대사회는 구성원들에게 끊임없이 성공의 신화를 세뇌한다. 조금만 노력하면 빌 게이츠나 스티브 잡스처럼 성공할 거라는 희망 고문을 멈추지 않는다. 하지만 대부분의 현대인은 불안과 절망에 시달리며 불행한 삶을 산다.

이런 진실을 모른 채 세상이 가르치는 성공지상주의에 감염되면 삶은 쉽게 파괴된다. 자유가 부족했던 과거의 사람들보다 현대인이 오히려 삶의 파괴를 경험하는 이유도 그 때문이다. 성공만을 위해 달려가다 보면 어느 순간 삶이 곤두박질치고 만다.

그렇다면 경제적 성공이나 높은 지위, 명예를 얻은 사람들은 다 행복할까? 많은 연구는 그렇지 않다고 단언한다. 제법 잘사는 한국인들의 삶의 만족도는 일인당 국민소득이 보잘것없는 부탄의 행복지수에 크게 못 미친다. 행복에 관한 여러 연구는 일과 삶의 균형을 깨뜨린 채 성공에 너무 많은 시간을 할애하면 아무리 소득이 늘고 물질적 만족도가 높아져도 행복 그래프가 하향곡선을 그릴 수밖에 없다는 사실을 알려준다.

예를 들어 아무것도 가지지 않았으되 인생을 통찰할 시간으로 가득 찬 삶을 사는 티벳의 승려들은 최고의 정신적 만족을 경험하지만, 수십 억짜리 복권에 당첨되어 졸부가 된 사람들을 추적해보면 심리적 허기나 불만족에서 벗어나지 못하는 경우가 많다. 높은 곳만을 바라보며 달려가다 보면 인생의 창고는 텅 비어버리고 불만과 불안만이 인생을 채울 뿐이다.

더욱 아이러니한 것은 성공 자체가 불안의 대상이라는 점이다. 성공은 평정보다는 위태로움을 준다. 성공한 미래를 머릿속에 그리며 사는 일 자체가 행복과는 거리가 멀다. 현재를 질식시킨 채 성공만을 갈망하면 시시때때로 마음에 두려움이 소용돌이친다.

하버드 의과대학의 스리니바산 S. 필레이 교수는 역설적이게도 인간은 성공을 두려워한다고 말한다. 사람들은 성공을 향하거나 성공을 이루고 나면, 성공한 상태에서 떨어질까 두려워한다. 필레이 교수는 그 이유를 몇 가지로 설명한다.

우선 우리가 성공을 두려워하는 가장 큰 이유는 성공이 가져다주는 외로움 때문이다. 필레이 교수는 마이클 잭슨의 사례를 예로 들며, '그는 자신의 재능과 엄청난 성공 때문에 외로워졌다'며 성공은 성공 전에는 겪지 않아도 됐을 더 깊은 외로움을 가져온다고 말한다. 성공은 사람들로부터 자신을 떼어내 고립시키는 부작용을 갖고 있다.

또 인간은 성공 이후에 닥칠 방향 상실에 대해서도 두려워한다. 성공을 향해 나아가는 동안에는 방향을 잃을까 걱정할 필요가 없다. 그저 앞만 보고 달리면 된다. 하지만 성공을 쟁취하고 나면 이제 어디로 가야 할지 갈피를 잡을 수 없어 막막해진다. 성공한 사람들은 예외 없이 이런 고충을 털어놓는다. 성공을 이루지 못한 사람 역시 성공이 가져올 결과에 대한 알 수 없는 예기불안을 경험한다. 우리는 성공 이후 인생의 미아가 될 것을 걱정한다.

이처럼 인간에게 성공은 희망이라기보다 근원적으로 두려움의 대상이다. 성공한 사람들의 고백이나 표현에서 이런 두려움은 여지 없이 드러난다. 그들은 두려웠다고, 그리고 지금 두렵다고 말한다. 성공한 이들 가운데 극심한 공포로 인해 공황장애 같은 질병에 걸린 이들의 비율이 유독 높은 것 역시 그 방증이다.

성공이 행복이나 평정심과는 거리가 먼 대상이라는 이 같은 진실을 고려한다면, 인생 목표에 대한 우리의 생각도 달라질 것이다. 무엇이 더 가치 있는 삶이고 의미 있는 일인가, 어떤 삶이 더 행복하고 평온한 방식인가에 대해 깊이 고민해야 한다.

어느 날 정수 씨에게 욕심에 대한 달라이 라마의 충고 한 구절을 읽게 했다. 그의 마음을 크게 움직인 말이다.

탐욕의 반대는 무욕이 아니라 만족이다. 당신이 큰 만족감을 갖고 있다면, 어떤 것을 소유하는가는 문제가 안 된다. 어떤 경우에도 당신은 변함없이 만족할 수 있다.

어찌됐든 살 집이 있고 적으나마 꼬박꼬박 월급도 나오고, 사랑하는 아내와 어여쁜 딸이 있는 자신의 삶을 왜 부족하다고만 여기는지 다시 생각해보라고 했다. 아니, 반성하라고 했다.

하루는 상담을 하던 중 밖에서 기다리던 그의 아내를 불러들였다.

"만약 남편이 대단한 성공을 거두지 못한다면 버리실 건가요?"

그동안 내게서 여러 차례 남편의 불안 증세에 대해 이야기를 들은 그녀는 정수 씨의 손을 꼭 잡으며 나지막이 말했다.

"나는 지금 이대로가 행복해. 나나 우리 은서는 지금 이대로의 당신을 사랑해."

정수 씨는 잠시 모든 긴장이 풀린 듯한 표정을 지으며 눈물을 흘리기 시작했다.

마땅히 사랑해야 할 것을
사랑하지 못하고

"피규어는 지형 씨에게 어떤 건가요?"

"저한텐 정말이지 목숨과 같은 거죠."

지형 씨는 올해 마흔세 살로 아이들을 가르치는 과외를 하며 혼자 산다. 서울 변두리에 있는 그의 작은 원룸에는 방 안 가득 피규어가 전시되어 있다.

그 수가 수천 개에 이르고, 그것을 구입하는 데 쓴 돈만 해도 족히 수억은 넘었다. 그 가운데 몇 개는 세계적으로도 희귀한 컬렉션으로, 그는 그것들을 자신의 생명과도 바꿀 수 있다고 했다.

피규어를 찍은 사진들을 보여주는 그의 얼굴은 무척 상기되어 있었다.

"이 아이 정말 멋지죠? 아주 판타스틱하다고요."

우연히 모임에서 만난 나와 지형 씨는 한참 동안 그가 소장한 피규어에 대해 대화를 나누었다. 나 역시 지형 씨가 수천 개의 피규어를 모은 이유와 그 심리에 관심이 컸기에 흥미롭게 심도 깊은 대화를 할 수 있었다.

지형 씨는 7년 전 결혼 사기 같은 것을 한 번 당했다. 사정을 들으니, 내 생각에는 사기까지는 아니고 서로에게 했던 수많은 거짓말이 탄로 나며 크게 실망해버린 것에 가까웠다. 문제는 허세였다. 여자는 자신의 빚과 학력, 성형수술 사실을 숨겼고, 지형 씨는 직업과 재정 상태에 대해 솔직하지 않았다.

이런 만남은 결말이 좋지 않다. 결혼 이야기까지 오가던 두 사람은 결국 헤어졌다. 여자의 거짓말에 분노를 느끼긴 했지만, 헤어지는 순간까지 그 여자를 사랑했던 지형 씨로서는 마음의 상처가 컸다.

이후 지형 씨는 여자를 가까이하지 않았다. 대신 아이들을 가르쳐 번 돈으로 족족 피규어를 사 모았다. 언제나 자신보다 피규어가 우선이었다. 그사이 날씬했던 몸은 고도비만이 되었고, 스트레스로 머리까지 많이 빠져 제 나이보다 열 살은 많아 보였다. 그는 가시고기처럼 자신의 몸이 가루가 되도록 피규어라는 아이들을 모으고 늘리는 데 헌신했다.

지형 씨는 극단적인 케이스이긴 하지만 나는 주변에서 반^半오타쿠들을 많이 만났다. 본인 소유의 자동차를 열 대 넘게 가진 중년 남성, 일본 애니메이션을 수천 편 이상 보고 소장한 마니아, 전 세계 축구 선수와 팀, 각종 축구 경기에 대해 줄줄 꿰는 축구광 등 그 유형도 다양하다. 그들은 비싼 명품 가방을 모으는 여성과는 조금 다른 양상을 보인다. 이들을 이해하려면 우선 '오타쿠'가 무엇인지부터 짚고 넘어가야 한다.

오타쿠는 상대방이나 제삼자를 극히 존대하는 '귀댁お宅, おたく'이라는 말에서 비롯되었는데, 일본에서 각종 애니메이션, 비디오 게임 등의 동호회가 활성화되던 70년대부터 동호회 회원들끼리 서로를 높여 부르는 말로 사용되기 시작했다.

한국 사회에서 오타쿠라는 말은 통상적으로 애니메이션이나 영화 등 특정 취미나 물건에 깊은 관심을 가지지만 사회성은 다소 부족한 사람을 의미한다. 어떤 일에 지나치게 빠져서 일상 생활에 지장이 있는 균형감이 떨어지는 인물쯤으로 여기는 것이다. 하지만 최근에는 단순한 마니아 수준을 넘어서는 '특정 분야의 전문가'를 이르는 긍정적인 뜻으로도 많이 사용된다.

오타쿠를 바라보는 불편한 시선도 있다. 정신질환 가운데 '저장강박증compulsive hoarding syndrome'이라는 것이 있다. 쓸 만하다고 여기는 물건(대개는 불합리한 판단에 근거한), 혹은 아무런 쓸모도 없는 물건들을 끊임없이 모아 쌓아두는 강박장애다. 가끔 쓰레기를 어마어마하게 쌓아두는 사람의 사연이 TV에 소개되는데 대개 이런 심리와 관련이 깊다.

오타쿠들이 저장강박증과 같은 질병적 상태에까지 이르지는 않는다고 해도, 그로 인해 분명 사회적 삶이나 여타 일상생활에 지장을 받는 것만은 사실이다.

사랑할 대상을 선택하는 일

나에게는 책 수집벽이 있었다. 특히 고서에 기이하리만치 집착했다. 그 고서란 게 몇백 년 된 책을 말하는 건 아니고, 50년대에 나온 《아라비안나이트》 번역본 같은 것들이다. 20대 때는 헌책방에서 수십 년 된 책을 어쩌다 마주하면 사족을 못 썼다. 하지만 대개 고서가 무척 비싼 금액으로 거래되는지라 대부분은 사지 못하고 만지작거리기만 하다 돌아오기 일쑤였다. 내 경제적 여건은 허락지 않는데 갖고 싶은 마음은 억제할 수 없으니 그로 인한 갈등 역시 이루 말할 수 없었다. 어쩌다 어떤 책의 초판본이라도 발견한 날은 그 책 생각에 밤새 잠이 오지 않을 지경이었다.

고서 수집벽에 대해 동물행동학자 데즈먼드 모리스는 이렇게 말한다.

나의 큰 즐거움 중 하나는 고서를 찾아다니는 것이다. 내가 오랫동안 간절히 원했던 희귀본을 마침내 발견하여 손에 쥐고 집으로 돌아오는 행위는 원시시대에 먹이를 사냥하여 집으로 돌아오는 행위의 상징적 대체물인 것이다.

이렇듯 내 고서 수집벽을 폄하하는 발언을 마주하면 언짢은 마음이 든다. 하지만 이는 진실이다.

우리는 물건에 애착하는 본성을 갖고 태어난다. 개드 사드라는 심리학자는 인간의 피할 수 없는 '소비 본능'의 중심에는 이 본성적 수집 열망이 자리 잡고 있다고 설명한다. 특히 자본주의적인 삶이 지배하는 현대사회에서 인류는 페티시즘fetishism을 피할 수 없다. 지금은 성도착증 가운데 하나로 스타킹이나 하이힐처럼 성욕과 관련된 물품에 대한 병적 집착을 뜻하는 말로 흔히 쓰이지만, 이 말을 처음 쓴 사람은 칼 마르크스였다. 마르크스는《자본론》에서 자본주의 경제하에서는 돈, 자본, 상품이 주가 되고 인간은 단지 부수적인 존재가 되는 전도현상이 일어나며, 그로 인해 인간이 사물을 숭배하는 페티시즘도 등장한다고 말했다.

좋든 싫든 사물숭배는 현대인의 절대 감성이다. 우리는 언제부턴가 갖고 싶은 물건을 꼭 손에 넣어야만 마음이 놓이는 심리에서 벗어날 수 없게 되었고, 이는 이미 몇백 년이나 된 유서 깊은 인간 심리다.

내가 무척 아끼는 귀스타브 플로베르의 소설《마담 보바리》에서 주인공 엠마는 화려한 생활을 꿈꾸다가 낭비벽과 불륜에 빠지고 결국 파탄을 맞이하는 비극적인 여인으로 그려진다. 그녀는 고딕식 기도대를 사고 손톱 손질용 레몬을 사는 데만 한 달에 14프랑이나 사용한다. 또 푸른색 캐시미어 옷을 주문하고 가게에서 제일 예쁜 목도리를 고르는 등 사치가 심했다.

이 소설이 창작된 1857년은 자본주의적인 삶이 무르익기 시작하던 때로, 파리에서는 이미 낭비와 사치 풍조가 많은 사람을 유혹하고 있었다. 그리고 연이어 '보편적 사치' 현대가 개막했다. 귀족이 사치와 향락을 전유하던 시대가 끝나고, 대중도 이를 즐길 수 있게 된 것이다. 플로베르는 마담 보바리가 바로 자기 자신이었다고 고백한 바 있다. 어쩌면 소설사에서 가장 멋지게 그려진 쇼퍼홀릭 shopaholic 이 아니었을까 싶다.

지형 씨와 이야기를 나누며, 나 역시 한때 병적이기까지 했던 고서 수집벽이 있었노라고 소상하게 털어놓았다. 어느 날 윤동주의 《하늘과 바람과 별과 시》 초판본을 직접 보고 환장했던 경험도 고백했다.

"형은 어떻게 거기서 벗어났어?"

"마음 공부를 했어. 모아봤자 더 허망해지더라고. 안 그래, 지형 씨?"

"그렇긴 해. 그래서 허전한 마음이 생기기 전에 또 다른 아이에게 관심을 가지려고 노력하지."

"피규어 모으는 것도 좋은데, 나처럼 여행을 좀 다녀봐."

"이 아이들 두고 어디 떠나기가 쉽지 않아. 형"

나는 막내가 태어나면서부터 사물에 대한 집착을 완전히 잃어버렸다. 아마도 너무나 사랑하는 존재가 생겼기 때문에 사물에 대한 애착의 눈빛을 잃어버린 건지도 모르겠다. 아이들은 나에게 살아가야 할 의미 그 자체가 되어주었다.

그런데 현실은 사랑할 수 있는 사람을 만나기조차 쉽지 않다. 현대인은 물건보다도 타인에게 사랑을 주기가 쉽지 않은 존재가 되고 말았다. 그러니 사랑하는 사람을 아직 만나지 못했다면, 사랑하는 그 '아이'들에게 당분간 애착하는 것도, 위안을 받는 것도 그리 나쁘다고만 할 수는 없을 것이다.

여전히 아내와 아이들을 몹시 사랑하지만, "아, 이건 집착이야" 되뇌면서도 어느새 헌책방 안에 서서 호시탐탐 책들을 노리고 있는 나를 발견하듯이 말이다.

다른 사람의 인정과 칭찬에
매달리지 마라

그를 처음 본 것은 초등학교 5학년 때였다. 다니던 초등학교에서 나는 그림을 제일 잘 그리는 아이였다. 내 그림은 항상 사람들의 탄성을 자아냈다. 당연히 선생님과 친구들의 관심을 한 몸에 받았다. 어느 가을은 대회를 준비하느라 수업을 거의 빼먹을 정도였다.

하지만 사생대회는 고통스러운 것이었다. 출전을 해도 상을 타지 못할 때가 많았기 때문이다. 운동회를 빠지고 나간 사생대회에서 돌아오던 날이 아직도 눈에 선하다. 잔뜩 실망한 채 학교로 돌아왔을 때, 빈 운동장에는 만국기만 펄럭였고 아이들은 모두 돌아간 후였다. 잠시 들른 교실에서 석양이 깔린 하늘을 한참 바라보았다. 아름다운 날들이었지만 인생이 쓸쓸하다는 것을 알아가던 시절이기도 했다.

초등학교 5학년 봄에 나는 부산의 거의 모든 초등학교 대표들이 참가하는 사생대회에 나갔다. 그날도 최선을 다했지만 장려상마저 타질 못했다. 그리고 그날, 충격적인 그림 한 장과 그를 보았다.

비상한 표정을 한 소년은 우리 또래의 수준을 한참 넘어서는 그림을 그리고 있었다. 그 그림을 보는 순간 심장이 얼어붙었다. 그림의 구도와 색감, 명암은 내가 그려본 적이 없는, 그려낼 수도 없는 것이었다. 그날 그는 6학년들을 제치고 대상을 탔고, 트로피를 안고 득의만만한 표정을 지었다. 나는 그를 향해 박수를 치면서도 마음으로는 박수 칠 수가 없었다. 그 후로 몇 번 더 그가 대상이나 최우수상을 받는 모습을 지켜보며 고통스러워했다.

중학교 2학년 봄, 소년은 슬쩍 손을 들어 내게 인사했다. 그의 표정은 편안했고, 여러 번 대회에서 마주친 나를 알아보는 듯했다. 그는 지나가면서 내가 그린 그림을 몇 초간 유심히 바라보았다. 그가 내 그림을 보고 어떤 생각을 했을지 상상하니 몸서리가 쳐졌다.

중학교 3학년, 우여곡절 끝에 나는 화가의 꿈을 포기했고 그 때문에 심한 우울증을 겪었다. 물론 더는 미술대회에 나가지 않았다. 나를 아껴주던 미술부 교사에게 눈물을 흘리며 그림을 그리지 않겠다고 했다.

미술을 하기에는 넉넉지 않은 집안 형편 탓이 컸지만, 그 소년 역시 미술을 그만두게 한 이유 중 하나였다. 그는 내게 재능이 모자란 일을 계속할 필요가 있을까 하는 회의를 심어주었다. 나도 그처럼 시내의 미술학원에 다녔다면 그림을 잘 그렸을까, 마음속에는 미술에 대한 열정보다는 그런 변명만 늘어갔다.

어쨌든 내 쪽에서 깨끗이 포기했기에 그를 마주칠 일도 사라졌다. 악연도 끝일 거라 여겼다. 하지만 무슨 조화였는지 그와 나는 같은 고등학교에 배정받았다. 입학하고 얼마 지나지 않아 매점에서 그를 발견하고 소스라치게 놀랐다.

그는 여전히 그림에 관한 한 사람들로부터 극찬을 받고 있었다. 고등학교에도 미술시간이 있다는 건, 내게 고통이었다. 잘 그리고 싶은 마음이 전혀 없었음에도, 처음 접한 아크릴 물감의 촉감과 질감은 유혹적이었다. 내 손은 어느새 스케치북 위에서 춤추고 있었다. 스스로 생각하기에도 흡족한 초상화 하나를 그렸고, 그것이 미술 교사의 눈에 들어갔다. 그림을 본 교사는 미술부에 들어올 것을 권했다. 나는 그럴 수 없다고 했다. 이미 그림을 포기했기 때문이기도 했지만, 그와 함께 미술부에서 그림을 그리는 일은 상상만으로도 끔찍했다. 무슨 상관이냐며 들어가자는 마음이 10퍼센트였다면, 치가 떨리게 싫은 마음이 나머지 다였다.

초등학교 때부터 사귄 단짝은 말없이 등을 두드렸지만, 내막을 모르는 반 친구들은 왜 그러느냐며 성화였다. 미술을 안 한다니 재능이 아깝다고 야단이었다. 나는 다만 질투심에 사로잡힌 졸렬한 나를 보고 싶지 않았을 뿐이다.

보름 넘게 나를 회유하던 미술 교사는 어느 날 폭발하고 말았다. 유화 나이프로 내 머리를 툭툭 치며 "왜 고집을 피우는 건데" 하며 노기를 감추지 못했다. 미술 교사에게 욕설까지 들으며, 미술부에서 그를 마주하는 일을 피했다.

그리고 나는 그의 존재를 의식했지만, 그는 나를 모르는 3년이 흘렀다. 3년간 그는 전국대회에 나가 무수한 상을 탔다. 나는 두세 달에 한 번꼴로 그가 단상 위에 올라 상을 받는 모습을 지켜보았다. 십수 번을 겪어도 익숙해지지 않는 일이었다.

그는 학교에서 무척 유명한 친구였고, 나는 존재감 없는 사람이었다. 공부도, 운동도, 심지어 미술마저도 잘하지 못했다. 내가 할 수 있는 일이라곤 그저 그를 질투의 시선으로 쳐다보는 것뿐이었다.

고3 어느 날 바보처럼 미술부의 교내 학예회 장소에 들렀다. 한두 작품이 고작인 다른 부원들 그림 옆 가장 잘 보이는 벽면에 마치 전시회라도 연 듯 대여섯 점 넘는 그의 그림들이 전시되어 있었다. 다행히 그곳에서 그를 만나지는 않았지만, 구경 온 여고생들은 그림 앞에 서서 탄성을 지르며 떠날 줄 몰랐다. 그의 그림은 나무랄 데가 없었다. 인정하기 싫었지만 훌륭했다.

졸업하며 그는 서울대 미대에 진학했다. 마치 예약석에 앉는 손님 같았다. 그리고 나는 대학마저 떨어지며 재수를 시작했다.

질투에 지배당하지 않는 삶

나는 질투에 시달리는 게 얼마나 끔찍한 일인지 안다. 대학 시절 나는 누구보다 열심히 시를 썼다. 시인이나 문학가로 성공하고자 했던 열망의 언저리에는 우울하게 자라난 질투가 자리 잡고 있었다.

대학 시절 내게는 가슴으로 품은 스승이 한 명 있었다. 시인 기형도였다. 내가 대학에 입학하기 두 해 전 그는 서른의 나이로 요절했다. 그의 시 한 편은 20대 내내 나의 오마주hommage 대상이었다. 내 영혼과 너무나 닮았기 때문이다.

아주 오랜 세월이 흐른 뒤에

힘없는 책갈피는 이 종이를 떨어뜨리리

그때 내 마음은 너무나 많은 공장을 세웠으니

어리석게도 그토록 기록할 것이 많았구나

구름 밑을 천천히 쏘다니는 개처럼

지칠 줄 모르고 공중에서 머뭇거렸구나

나 가진 것 탄식밖에 없어

저녁 거리마다 물끄러미 청춘을 세워두고

살아온 날들을 신기하게 세어보았으니

그 누구도 나를 두려워하지 않았으니

내 희망의 내용은 질투뿐이었구나

그리하여 나는 우선 여기에 짧은 글을 남겨둔다
나의 생은 미친 듯이 사랑을 찾아 헤매었으나
단 한 번도 스스로를 사랑하지 않았노라
- 기형도, 〈질투는 나의 힘〉

최루탄이 매일 거리를 뒤덮던 대학 1학년 봄, 나는 처음 기형도의 시집을 잡았고, 몇 달을 책가방에 품고 다녔다. 〈질투는 나의 힘〉은 내게 핵폭탄 같은 것이었다. 이 시에 나는 완전히 파괴되었다. 오랫동안 '구름 밑을 천천히 쏘다니는 개처럼'이라는 시구가 송곳처럼 나를 찔렀다. 시를 읽을 때마다 우울한 개처럼 살아온 나를 마주해야만 했다. 그리고 '그 누구도 나를 두려워하지 않았'던 지난 기억을 되뇔 때마다, 참을 수 없는 내 존재의 가벼움이 나를 비참 속에서 헤매게 했다.

서른이 지나며, 또 형언할 수 없는 상처가 내 삶을 할퀴고 가며, 이 시에 공감하는 마음이 많이 줄긴 했지만 〈질투는 나의 힘〉은 여전히 나의 초상이다. 남이 찬탄할 무엇이 되고자 갈망하는 '내 희망'의 근거가 대개 질투였던 탓이다. 나의 20대란 차마 누구에게도 밝히지 못한 10대 시절 내내 사육한 질투의 그림자가, 그리고 그로 인해 깊어진 우울과 불안이 나를 지탱하던 시절이었다.

시인의 표현대로 질투는 청춘을, 아니 인생 대부분을 지배하는 태도이며 또 생의 에너지 대부분을 만드는 감정일 것이다. 하지만 질투는 사랑을 말려버리는 흡혈귀와도 같다. 내가 20대 내내 누군가를, 나 자신조차 온전히 사랑할 수 없었던 것은 그 때문이었다.

질투가 사랑을 지배하는 순간, 질투가 마음을 휘어잡는 순간 사랑은 산산이 조각나버린다. 우리는 사랑하면서 그만큼 질투한다. 그것은 나와 타인, 우리의 관계, 나의 존재를 기꺼이 믿고 받아들일 수 없는 불안에서 비롯되는 일이다.

펵 오래전 홀린 듯 검색창에 그의 이름을 쳐봤다. 그가 아직 인물 검색이 되지 않는다는 사실에 안도하는 나를 발견하고서 소스라치게 놀랐다.

"아, 참 바보 같다."

참 바보 같은 질투다.

삶이란
원래 불안한 것

"불안하세요?"

"불안해서 미칠 것 같아요."

"그런데 말이죠. 불안은 대개 상상이거나 자기 환상이랍니다. 당장 죽는 일이 아니라면 뭐가 그리 두려울까요?"

불안하느냐는 질문은 상담에서 내가 가장 많이 하는 질문이다. 심리학에서는 우울과 불안을 분리해서 생각하지 않는다. 우울하면 불안하고, 불안하면 우울해지는 것이 마음의 법칙이기 때문이다.

얼굴심리학이라는 분야가 있다. 이 분야의 대가인 미국의 심리학자 폴 에크먼은 끊임없이 거짓을 이야기하는 범인의 심리를 꿰뚫어봐야 하는 프로파일러라는 직업의 토대를 마련한 학자다. 그에 따르면 인간의 표정은 실로 다양해서 3,000가지의 서로 다른 유의미한 표정을 짓는다. 그는 수천 가지의 표정을 분류해 그 의미를 분석하는 연구에 매진해왔다. 또 표정을 보고 단박에 상대방을 간파하는 인물로도 정평이 나 있다. 그와 관련된 전설 같은 이야기가 한 가지 있다.

언젠가 에크먼 교수를 찾아온 한 여성이 있었다. 그 여성은 속내를 숨기고 별다른 말을 하지 않은 채 그의 방을 떠났다. 하지만 그는 표정을 보고 그녀가 자살할 것을 눈치챘고, 911에 전화를 걸어 그녀의 집으로 출동해줄 것을 부탁했다. 덕분에 여성은 죽음을 면할 수 있었다.

내게도 비슷한 경험이 있다. 부모 때문에 억지로 상담을 받으러 온 열여덟 살 은지는 우울증을 앓고 있었다. 집단 따돌림과 성추행의 기억 때문에 괴로움이 컸던 은지는 상담에 우호적이지 않았다. 나와 상담하는 동안 자신의 이야기를 거의 하지 않았다.

은지의 우울한 표정과 격앙된 화는 예전의 나와 닮아 있었다. 나 역시 서른 즈음에는 나를 이 꼴로 만든 몇몇 사람들에 대해 매일 분노와 저주를 퍼부으며 살았다. 자살충동과 그들을 죽이고픈 살인충동에서 헤어나지 못했다. 식칼을 부여잡고 그들을 모두 죽이겠다는 마음으로 치를 떨며 밤을 지새우기도 했다. 은지는 그 시절의 내 표정과 닮아 있었다.

나는 은지 부모에게 거두절미하고 간곡히 당부했다.

"은지가 자살을 시도할지 모르니 주의를 부탁드려요."

은지는 2주를 거르고 3주째 다시 찾아왔다. 은지의 부모는 놀란 가슴을 진정하지 못하고 있었다. 그사이 은지가 목을 매 자살하려고 했던 것이다. 다행히 옷걸이에 밧줄을 걸어놓고 고민하고 있는 은지를 발견해 겨우 말릴 수 있었다. 하나밖에 없는 자식을 그렇게 잃을 뻔한 부모는 패닉에 빠져버렸다. 꽤 오랜 시일이 걸리긴 했지만, 다행히 은지는 상담을 통해 자살충동을 수면 아래로 떨어뜨릴 수 있었다.

나는 표정 감식력이 민감한 편이다. 그래서 상담을 하는지도 모를 일이다. 그런데 그것이 내 인생에서는 항상 짐이었다. 무감하게 지나야 할 상황에서도 매번 감정적 혼란으로 괴로워해야 했다. 누군가의 슬픈 표정을 보면 다른 일을 하기 어려웠다. 누가 안타까운 부탁을 하면 참으로 거절하기 힘들었다. 여전히 불안에 지친 사람의 표정을 목격하고 나면 나도 따라서 힘들다. 고백하자면, 그래서 사람들의 부정적 표정을 외면하는 습관이 생겼다.

최근 거리에서, 지하철에서, 혹은 특정 장소에 모인 사람들의 표정에서 전에 없이 많은 불안이 포착된다. 얼굴심리학적으로 보자면 요즘 한국인의 얼굴은 점점 더 불안으로 물들고 있다. 한국인은 왜 더 불안해진 걸까?

가장 믿을 만한 의견은 IMF와 서브프라임 사태를 거치면서 경제적 위기감으로 인해 현실적 불안이 상승했다는 것이다. 전문가의 분석이 아니라도, 이는 보통 사람들의 공통된 의견인 듯싶다. 여러 통계들 역시 우리의 불안이 위험한 수준이라고 경고한다. 불안과 관련한 조사는 많지만 다음 내용은 충격적이기까지 하다.

단국대 분쟁해결연구센터에서는 〈2014년 관용과 신뢰에 관한 시민의식 조사〉를 실시했다. 이 조사에서 '우리 사회가 정치적으로 불안하다고 생각하십니까?'라는 질문에 응답자 가운데 85퍼센트가 그렇다고 답했다. 사회적 불안을 느낀다는 국민이 80.3퍼센트, 경제적 불안을 느낀다는 사람은 81.6퍼센트였다. 상호간의 신뢰 수준을 알아보기 위한 '처음 만난 사람을 어느 정도 믿는 편입니까?'라는 질문에 '믿는다'고 답한 사람은 불과 31.4퍼센트에 지나지 않았다.

통계대로라면 우리가 느끼는 정치적·경제적 불안과 타인에 대한 불신은 병적일 정도로 깊다. 2년 전 조사지만 그동안 더 나빠졌으면 나빠졌지 사정이 크게 나아지지는 않았을 것이다.

그런데 자신의 불안에 대해 알고 싶어 하지 않는 사람들이 있다. 상담을 하다가 가장 난처할 때가 내담자가 자신의 불안에 대해 더이상 캐묻지 말아달라고 할 때다. 그들은 불안한 일을 생각하면 할수록 더 불안해진다고 믿었다. 하지만 심리학적으로 보자면 불안의 심층이나 원리에 대해 조금씩 알아갈수록 불안은 감소한다. 그러니 불안하다면 불안을 아는 것이 먼저다.

살아 있다는 것은 영원한 축제

오래전 영국의 시인 에즈라 파운드는 〈지하철역에서〉라는 시에서 불안한 현대인의 마음을 '군중 속에서 유령처럼 나타나는 이 얼굴들/ 젖은, 검은 나뭇가지 위의 꽃잎들'이라는 짧은 시로 세련되게 표현했다. '젖은, 검은 나뭇가지'와 같은 세상에 위태롭게 매달린 '꽃잎'과도 같은 우리의 얼굴은 매번 '유령'처럼 나타났다가 또 유령처럼 사라진다. 시인에게 도시인들은 마치 유령 같은 존재다. 내가 도시에서 목격하는 표정 또한 이 시를 꼭 닮았다.

계급사회 이후 우리 모두에게는 성공을 위해 달려갈 수 있는 자유가 찾아왔다. 알랭 드 보통은 이를 재앙이라고 설명한다. 인간관계보다는 개인적 성공에 몰두해야 하는 현대인들은 더 불안해졌다. 모두에게 빌 게이츠처럼 성공할 수 있는 자유가 주어졌지만 그러기는 사실상 불가능하다. 높아진 성공으로의 사다리만큼 우리의 불안도 아찔해졌다. 성공에 대한 갈망이나 강박이 아슬아슬하게 현대인의 불안을 조율하고 있다.

또 도시의 삶은 근원적인 불안을 가져다준다. 의미 없이 반복되는 타인들과의 조우는 일상의 삶에서 불안을 가중시킨다.

축제 후의 불안이란 것도 그와 같은 맥락이다. 자신의 삶이 상승할 것이라는 도취감이 사라지고, 삶이 점점 추락하고 있다는 직감은 우리에게 일렁이는 불안을 가져다준다. 소멸이나 추락의 기분은 근본적으로 불안한 것이다.

그런데 조락凋落을 예감하고 불안해지는 마음은 자연스러운 것이기도 하다. 여름의 축제가 끝나고 낙엽 지는 가을이 오면 곧 죽음을 맞는 겨울이 찾아든다. 그래서 생명을 가진 것들은 가을이 되면 우울하고 불안하다. 실제로 가을철의 계절성 우울증은 자살충동으로 이어질 수 있을 만큼 위험하다.

우리의 기분은 지금 축제를 마쳤고 곧 찾아올 조락과 죽음을 예감하고 있다. 극치의 즐거움과 죽을 것 같은 두려움은 동전의 양면 같아서 때로는 시차를 두지 않고 연이어 닥친다. 좀 전까지 세상모르고 즐거웠으나 곧 두려움이 해일처럼 마음의 언덕으로 밀려든다. 섹스에서 극치감을 느낀 후나 사정 후 이유 모를 불안감을 느낀다고 호소하는 이들을 많이 보았다. 그와 같은 심리일는지 모른다.

한국인 상당수가 이제 축제는 끝났고, 샴페인을 터뜨린 지저분한 거리를 수습해야 할 때라는 생각에 빠진 듯하다. 저성장시대, 부의 양극화, 가속화되는 노령화, 회복하기 힘든 일자리 감소, 점점 인정이 메마르는 세태는 우리가 우리의 전락을 확신하는 어두운 사회적 징표들이다. 곳곳에서 조종弔鐘을 울리는 상징과 신호음이 들끓고 있다.

전 국민이 화려한 축제로 기억하는 2002년 월드컵 때 나는 심한 우울증을 앓고 있었다. 그래서 그때의 그 짜릿했던 흥분에 대해 공감하지 못한다. 대신 나의 축제는 2005년 봄이었다. 시골집의 작은 텃밭에서 오이와 가지를 따던 때가 가장 떠들썩한 축제였다. 비로소 다시 태어난 듯, 사람다운 삶의 진면목에 대해 알게 되었기 때문이다. 그리고 아직 축제는 끝나지 않았다. 오늘도 어린 둘째와 함께 손을 잡고 산에 오르며 소풍 나온 인생의 축제 한 페이지에 아직 여분이 남았음을 감사하고 또 감사한다.

불안과 죽음의 무거움을 짊어진 채 시시포스처럼 살아야 하는 것이 인간이지만, 짧은 생을 허락받은 우리는 이승의 삶을 축제로 만드는 정성과 의욕을 가질 필요가 있다. 내 영혼의 시편 가운데 하나인 천상병 시인의 〈귀천〉은 '아름다운 이 세상 소풍 끝내는 날 가서 아름다웠더라고 말하리라'고 노래하며 내 삶이 어떠해야 할지 항상 상상하게 해준다.

축제는 언젠가 끝날 수밖에 없고 모두 떠난 텅 빈 객석만이 남는다. 그러나 축제는 영영 끝나야만 하는 것인가. 끝난 후에 또다시 새로운 축제를 만들어갈 수는 없는 걸까. 삶을 축제의 연속으로 채울 수는 없는 걸까. 만약 인생의 축제를 계속 즐길 수 있다면 불안은 걷히고 희망이 그 자리를 차지할 것이다.

어쩌면 살아 있다는 것이 영원한 축제인지도 모른다.

나를 잃으면
모든 걸 잃는다

방송 프로젝트에서 만난 기란 씨는 비만 때문에 고민이 컸다. 그녀는 나와 일할 당시 프리랜서였는데, 업무에서 오는 스트레스와 삶에 대한 불만으로 밤이면 폭식을 할 때가 많았다. 그녀가 살이 찐 이유는 실제 허기가 아니라 심리적 허기 때문이었다.

특히 TV에서 소위 '먹방' 장면을 만나면 식욕이 폭발했다. 애써 음식 관련 프로그램은 피하는데도, 예상치 못한 프로그램에서 먹방이 나오면 정신 잃은 사람처럼 스마트폰이나 전단지를 뒤져 음식을 배달시켰다.

완벽주의에다 까다롭고 예민한 성격인 그녀는 일로 인한 스트레스가 심한 편이었다. 며칠은 잘 참다가도 스트레스가 심해지면 결국 음식으로 푸는 일을 반복했다. 그럴 때면 어김없이 자책과 후회에 시달렸고, 다시 결연한 마음으로 다이어트를 결심했다. 폭식과 다이어트를 오가는 그녀의 외양은 볼 때마다 변화무쌍했다. 어떤 날은 사흘 굶은 사람처럼 핼쑥해져 나타났다가, 다음에는 몸무게가 꽤 불어나서는 한껏 어두운 표정을 짓고 있었다.

최근 매체를 도배한 '먹방'은 균형 잃은 우리의 자화상이다. 의식주는 생존의 기초이니 방송에서 먹는 모습을 만나는 건 이상한 일이 아니지만 요새는 '먹방'이 많아도 너무 많다. 우리는 누가 맛있게 음식을 먹는 모습만 보아도 기분이 좋아진다. 누군가가 게걸스럽게 먹는 모습을 보면서 대리 만족을 느끼기도 한다. 하지만 게걸스러운 탐식은 정신에 해롭다. 음식은 천천히 음미할 대상이다.

그런 측면에서 현대의 음식은 정상이 아니다. 음식은 탐욕과 미식의 정복 대상으로 점점 더 변질되고 있다. 정신 문제를 오래 연구해온 사람들은 한결같이 천천히, 정성스럽게 음식을 음미하라고 조언한다.

나는 비만인 사람들을 오랫동안 독서치료로 돕고 있다. 바른 식습관에 대한 지식을 심어주고 마음과 생활의 변화를 이끈다. 상담을 받는 사람들 가운데는 음식에 대한 조절력을 잃고 끊임없이, 심지어 위의 통증을 느끼면서까지 음식을 집어삼키는 경우도 있다. 그들은 피자와 햄버거를 먹고 위가 찢어질 듯 아픈데도 라면을 끓

여 먹는다. 세상에 여전히 굶주리는 이들이 다수 있지만 음식 중독 역시 이에 못지않은 사회적 이슈다.

앤드류 스탠튼 감독의 애니메이션 〈월-E〉를 보면 균형 잃은 미래의 인류가 나온다. 낭비와 무절제로 지구를 망친 인류는 걸음도 떼지 못하는 뚱뚱하고 게으른 존재로 등장한다. 그들은 종일 한 발짝도 움직이지 않으면서 끊임없이 음식을 집어삼킨다. 우울해서, 불안해서 먹는 것이다.

스트레스가 계속되면 불안이 높아지고 식욕도 증가한다. 이스라엘 와이즈만 연구소의 알론 첸 박사팀은 스트레스를 받으면 체내에 빠르게 늘어나는 신경전달물질인 유로코틴-3urocortin-3에서 그 이유를 발견했다. 유로코틴-3는 스트레스 상황이 지속될 때 우리 뇌에서 마치 고속도로를 달리듯 재빨리 두 부위로 전달된다. 한쪽은 복내측 시상하부ventromedial hypothalamus라는 곳으로 주로 배고픔이나 안정감과 관련이 깊은 부위고, 다른 한쪽은 외측 중격lateral septum이라는 불안과 관련된 부위다.

스트레스가 지속되면 뇌의 불안 센서가 자동으로 켜지고, 음식에 대한 욕구가 늘어난다. 스트레스, 불안, 음식은 손을 맞잡고 자석처럼 서로를 끌어당긴다. 좋게 말하면 넉넉한 음식이 영혼에 안식을 주는 셈이다. 우리는 살기 위해 또 허전함을 달래기 위해 끊임없이 먹지만, 음식에서 받는 위로란 한계가 있음을 기억해야 한다.

넘치도록 풍족한 세상을 사는 우리에게 음식만큼 의존하기 쉬운 대상도 없다. 균형이 깨지고 삶이 파편화되면서 음식조차도 극복해야 할 대상이 되고 만 것이다.

그런데 다른 한편에서는 음식을 많이 먹지 않을 때에만 얻을 수 있는 마른 몸에 대한 바람과 욕망도 커지고 있다. 마른 몸이 아름답다는 믿음. 사실 이는 진화론적인 면에서 진실이 아니다. 통념과 달리 우리 본성은 조금 통통한 몸매에 끌린다고 한다. 결혼 적령기 남성을 상대로 한 실험 결과를 보면 남성들은 마른 여성보다는 조금 통통한 여성을 선호했다. 오랜 영양부족의 시대를 산 인류는 아이를 잘 낳고 잘 기를 것 같다는 생각에 조금 통통한 여성을 택하는 본성을 갖게 되었다. 하지만 매체를 가득 채운 미의 여신들은 말라도 지나치게 말랐다.

비키니 환초 섬의
거북이 같은 삶

기란 씨의 고통 역시 이 지점에 놓여 있었다. 너무나 먹고 싶은데, 먹어서는 안 되는 현실.

지인이 겨우 주선한 맞선에서 번번이 퇴짜를 맞으며 그녀는 그 이유가 오로지 몸매 때문이라고 여겼다. 나이는 점점 드는데 맞선에서 퇴짜만 맞으니 고민도 깊어졌다. 그래서 다이어트는 그녀의 최대 관심사, 아니 사활을 건 문제였다. 하지만 시시때때로 먹방을

본 후 음식 앞에 무너졌고, 그러면서 자괴감과 절망도 깊어졌다.

나는 그녀에게 문제의 핵심을 잘못 짚고 있다고 조언했다. 다이어트에 골몰할 것이 아니라 평정심을 찾아야 한다고. 평정심을 얻으면 다이어트는 저절로 해결될 일이기 때문이다.

"기란 씨, 제가 보기에 문제는 균형을 잃은 생활 같아요. 현대인에게 우울증을 가져다준 세 가지 발명품이 있어요. 첫 번째는 에디슨이 발명한 전등이에요. 전등은 우리의 충분한 수면을 빼앗아갔죠. 불규칙한 수면과 수면 부족은 곧장 우울감으로 나타나요. 두 번째는 텔레비전이에요. 혼자 거실에서 TV를 보는 시간이 늘면서 친구와 보낼 시간은 상대적으로 줄어들었죠. 물론 운동이나 신체활동도 TV 때문에 방해받고요. 마지막은 스마트폰이에요. 스마트폰을 잡고 있는 시간이 늘면서 사람들은 더 이상 책을 보지 않는 것 같아요. 책은 뇌 전체를 활발하게 움직여서 부정적 감정이나 편견에 사로잡히는 것을 막아줘요. 결국 우리의 문제는 균형의 상실이라는 거죠."

충분히 자고, 친구를 만나고, 책을 읽으라는 조언이었다. 그녀에게 일과 삶의 균형, 신체와 뇌의 연관성, 일과 관계의 조화, 이성과 감성의 비율에 대한 이야기를 조금 더 들려주며 《클린》이나 《나는 원래 행복하다》, 《치유 혁명》 같은 책도 몇 권 권했다.

현대인은 균형을 잃고 살 때가 많다. 세상의 속도에 현기증을 느끼며 자주 방향을 잃는다. 많은 현대인들이 원자폭탄 실험이 자행됐던 비키니 환초 섬의 집을 잃은 거북이처럼 자기 삶이 어디로 가야 하는지, 생의 균형은 어떻게 맞추어야 하는지 몰라 힘들어한다.

시계 속 작은 부품처럼 껴 맞춰져 살고 있는 현대인에게 균형의 회복은 지난하지만 너무나도 중요한 문제다.

어른으로 살아가길
거부하는 사람들

　　가발을 쓰고 짙은 화장을 한 채 상담실에 앉은 미나는 고작 열여섯 살, 고등학교 1학년이었다. 미나는 서른두 살 난 남자친구를 두고 있었다. 미나의 부모는 딸과 그 남자가 성관계를 가진 사실을 알고 이를 성폭행으로 몰아가고자 했다. 물론 그 남자와 미나는 결코 수긍하지 않으면서 완강하게 저항했다.

　　부모의 강요에 못 이겨 경찰서와 산부인과, 성폭력센터 등을 전전하며 미나의 마음은 거의 누더기가 되고 말았다. 미나의 부모는 딸을 강제로 휴학시키고 머리카락을 잘라 방에 감금했다. 하지만 어른들의 눈을 피해 둘은 여러 번 더 만났다.

　　미나의 부모는 제대로 된 인간을 만들어달라며 반항하는 딸을 매번 강제로 상담실에 끌고 왔다. 나는 그때마다 부모에게 나가 있어 달라 부탁하고, 미나와 둘이서 상담을 진행했다. 미나를 위로하기 에도 늘 상담 시간은 빠듯했다.

미나는 어른들 편만 들지 않는 나에게 조금씩 마음을 열었고, 싫 은 가족과 살아오며 겪은 고통을 하나씩 떠올리며 고백했다. 부모 의 억압과 폭행, 욕설이 자신을 이렇게 만들었으며 그와의 연애는 이런 자신의 문제와는 전혀 별개의 일이라고. 그리고 남자친구가 얼마나 괜찮은지 보면 알 거라며, 부모 몰래 그 남자와 만날 수 있 도록 주선하기까지 했다.

그래서 나는 그다지 원치 않았음에도 결국 그를 만나 미나의 일 에 대해 의논하게 되었다. 사태가 이미 손쓸 수 없는 지경까지 가버 려서 미나의 상담은 내 뜻대로 진행되지 않았다. 미나의 우울증을 치료하는 일도, 가족의 결속감을 도모하는 일도, 사태를 보다 온건 하고 평화적인 방식으로 해결하는 일도 모두 수포로 돌아가고 말 았다.

그런 와중에 어느 날 미나의 남자친구가 불쑥 찾아왔다. 내 앞에 서 사시나무처럼 떠는 그는 마치 어린아이 같았다. 나이는 서른이 넘었지만, 내 눈에 그는 철없는 아이처럼 보였다. 사춘기 소년같이 되는 대로 만나 사랑을 했을 따름이었다.

나는 정말 미나를 사랑하는 것이 맞느냐고 거듭 물었다. 사랑이란 책임지는 일이라는 사실을 아냐고도 여러 번 되물었다. 그는 떨면서 잘 알고 있다고 대답했다. 그 역시 부모와 사이가 좋지 않아 등지고 사는 사람이었고, 둘은 그 점에서 서로 공감하고 있었다. 부모와 연을 끊고 사는 남자가 미나에게는 마치 영웅처럼 다가왔던 것이다.

마지막으로 나는 노골적으로 말했다. 내 눈에는 당신의 행동이 욕정에 눈이 멀어 어린 소녀를 속이고 이용한 것 이상으로는 보이지 않는다고. 정말 미나를 사랑한다면 당신이 할 수 있는 최선의 선택을 하라고 말이다.

나중에 전해 들은 바로는 미나의 남자친구를 자처하는 그 '어른 아이'는 결국 자신을 고소하지 않는 대가로 '미나의 근처에 다시는 얼씬거리지 않겠다'는 각서를 쓰고 연락을 끊었다. 각서를 쓰며 그는 눈물을 흘렸다고 했다.

마지막 상담에서 미나는 그 남자가 그토록 나약하고 신의 없는 놈인지 몰랐다며 펑펑 울었다. 미나의 마음을 헤집은 상처의 근원에는 부모가 있었지만, 그날만큼은 믿었던 사람의 형편없는 실체를 깨닫고 얻은 배신의 아픔이 더 큰 듯했다.

나는 아무것도 해결하지 못한 상담을 마무리하며 미나에게 '어른이 되는 것은, 또 어른답게 살아가는 것은 참 힘든 일'이라고 조언했다. 그리고 '살면서 작은 이익이나 욕정에 눈먼 나쁜 사내들을 더 많이 만날 것이고, 그때마다 현명한 선택을 하기를 진심으로 바란다'는 마지막 당부를 전했다.

그날만큼은 가발을 쓰지 않고 화장기도 없이 온 미나의 모습이 여느 열여섯 살 소녀들처럼 순수하고 애처로워 보였다.

어른이길 바라지만
어른이 되지 못한

성조숙증이라는 질병이 있다. 이는 아직 나이가 차지 않은 9세 이전의 아이들에게서 발견되는 것으로 2차 성징이 빠르게 진행되고, 성장판 역시 조기에 닫혀버리는 질병이다. 실제로 나는 병원에서 오랫동안 성조숙 어린이들의 심리치료를 했었다.

성조숙증은 유전적 원인 역시 어느 정도 영향을 주지만 환경적 요인 역시 무시할 수 없는 질병이다. 미국은 이미 이 성조숙증 문제가 비만과 함께 큰 사회적 이슈로 대두된 바 있다. 한국도 서구화된 식생활과 아이들을 둘러싼 여러 심리 문제들이 가중되며 성조숙증 비율이 차츰 늘고 있는 실정이다.

연구를 통해 어느 정도 규명된 성조숙증의 질병 스토리는 이러하다. 아직 어린 여자아이에게 견디기 어려운 과한 스트레스가 주어진다. 여자아이의 몸은 이를 자신에게 주어진 위기나 고난으로 감지하고 적응하려 한다. 빨리 꽃을 피우고 열매를 맺으려는 무의식에 따라 몸이 변하고 이른 나이에 어른이 되고 만다. 실제로 가정불화가 심한 집의 아이들이 성조숙증에 걸리기 쉽다.

약간 통통한 몸매의 미나 역시 성조숙증을 앓았다고 했다. 물론 그 밖에도 환경호르몬이나 부적절한 식습관, 지나치게 빨라진 성적 자극 등도 성조숙증의 주원인들이다.

며칠 전 어두운 골목을 지나다 이제 막 중학생 티를 벗은 아이들 몇이 담배를 입에 물고 거친 말을 내뱉는 모습을 목격했다. 여자아이들은 짙은 화장에 어른도 입기 민망한 짧은 치마를 입고 있었다. 어른인 척 한껏 자신을 꾸몄기 때문에 얼핏 어른처럼 보이기도 했다. 하지만 누가 봐도 그들은 아직 아이였다.

한편 상담실에서도 이런 친구들을 자주 만난다. 그들은 하루 종일 집에서 시간을 보내고, 밤에만 가끔 외출을 할 뿐이다. 그리고 시간이 지나가는 것을 잊어버린 채 게임이나 웹툰 같은 혼자만의 유희에 빠져 세상을 등지고 살아간다. 이런 부조화는 우리 사회의 단면을 아주 잘 표현하는 이미지일 듯싶다.

아이들이나 10대들에게 가해지는 강요와 스트레스에서 벗어나기 위해 어른인 체하는, 빨리 어른이 되고자 열망하는 아이들이 있는가 하면 세상이 끊임없이 요구하는 어른으로서의 책임에서 벗어나기 위해 다시 아이가 되어버린 청년들이 점점 늘어나는 현실. 어른이기를 바라지만, 어른이기를 거부하는 사람들.

어른으로 살아가는 우리의 마음도 실은 그들을 무척 닮아 있다. 권리는 괜찮지만 의무는 싫은, 자유는 좋지만 책임은 거부하고 싶은 마음. 우리는 저마다 정확히 그것이 무엇인지 알 길 없는 '어른'이라는 유령을 쫓거나 또 그에 쫓기며 살아가고 있는지도 모른다. 그것이 미나로, 성조숙증으로 고통받는 아이들로, 길거리를 방황하는 10대들로, 자기 방에 은둔한 청장년들로 현실에서 나타나는 것이다.

누구나 자신에게 주어진 삶을 충실히 살아내기를 바란다. 인생을 낭비하며 살고 싶은 사람은 아무도 없다. 그러기 위해서는 지금 내 위치와 주어진 소명을 정확히 알아야 한다. 그 누구도 지혜 없이 성숙할 수 없고, 책임 없이 삶을 누릴 수 없다. 이 모든 것들을 제대로 감당해낼 때 인생은 비로소 순조롭게 그 항해를 시작할 수 있다.

삶을 온전히 사랑하기 위한
열 가지 방법

아래 제시된 방법들은 인생을 살아가면서 우리가 실천하면 좋을 인생 지침들을 적어놓은 것이다. 나를 격려하고 다른 사람을 사랑하는 일은 우리의 삶을 더욱 풍요롭게 만든다. 시간이 날 때마다 가슴에 담아두고 실천해보길 권한다.

1. 나라서 참 다행이라고 생각하라

나는 나여서 좋다. 나 아닌 다른 누가 되는 것은 이제 생각지 않을 것이다. 오늘 숨 쉴 수 있어서, 하루를 살 수 있어서 고맙다. 나를 존재하게 하는 나에게 한없이 감사하다. 내가 없다면 제아무리 멋진 세상인들 무슨 소용이 있겠는가.

2. 상대의 반응과 상관없이 기꺼이 사랑하라

테레사 수녀님은 남이 나를 사랑하는 것보다 조금 더 남을 사랑하려했을 따름이라고 말했다. 이 역설적인 사랑법은 내 삶에 득이 된다. 내가 사랑의 주인이 되면 내 사랑이 생의 온도를 조금 더 올린다. 또 나는 타인의 인정을 구걸하지 않게 된다. 먼저 사랑하는 자가 이 세상에서 가장 강한 자인 이유다.

3. 먼저 미소 지어라

당당한 나로 살아가기로 결심했다면 먼저 미소 지어라. 아무리 싫은 사람이라도 내 인생에 도움이 된다. 그러니 그에게 미소 지을 이유는 충분하다. 만약 그가 내게 적잖은 사랑과 관심을 주는 인물이라면 더욱 항상 미소 지어야 한다. 온 마음으로 그에게 해바라기처럼 웃어 주라.

4. 감사의 말을 전하라

경쟁과 눈치, 체면에 길든 우리는 마음속 따뜻함을 표현하기 힘들어 한다. 하지만 감사하다고 말하는 일에 익숙해지면, 세상 모든 것이 감사의 축제처럼 다가온다. 그가 있어서, 그 일이 생겨서, 이 삶을 살아가는 것이 모두 감사하고 감사할 따름이다. 감사는 항상 마음의 승자가 되는 비결이다.

5. 비난하기 전에 안아주라

많은 경우 남을 비난하는 이유는 내가 비난받을까 봐 두려워서다. 그가 아주 나쁜 인간이 아니라면, 용기 내어 비난을 멈추라. 평화를 불러들이라. 잘못에 비난 대신 격려와 온정을 베풀라. 만약 자녀가 잘못했다면 질타의 말을 쏟기 전에 먼저 따뜻하게 안아주라. 당신이 안아줄 때 그는 더 반성할 것이다.

6. 칭찬을 아끼지 마라

자신은 칭찬받기 원하면서 남을 칭찬하는 일에는 인색할 때가 많다. 칭찬하는 사람이 없다면 칭찬받을 사람도 없다. 작은 선행과 성취에 칭찬하는 습관을 들여보라. 칭찬은 상대방이 존재하는 이유를 만들고, 내 존재도 드높이는 최선의 행동이다.

7. 열정을 거부하지 마라

우리는 사랑하는 마음, 열정이 생길 때마다 냉정한 외침으로 사랑의 싹을 짓누르는 습관을 갖게 되었다. 하지만 열정 없는 인생처럼 초라한 일도 없다. 상대방을, 그 일을, 그 선택을 아낀다면 열정은 선택이 아니라 운명이어야 한다. 사랑한다고 외치고 달려가라. 원한다면 멈추지 말고 택하라. 도전하라.

8. 사랑하는 일을 찾아 푹 빠져라

자신이 하는 일이 불만족스럽다면, 가장 필요한 것은 이를 포기하는 용기다. 어떤 대가를 치르더라도 자신이 내뱉을 한숨의 양보다 많진 않을 테니 말이다. 만약 그렇게 하여 이제 진심으로 사랑할 수 있는 일을 찾았다면 몇 년만 열심히 그 일을 해보라. 일에 끌려다니지 말고 일의 주인이 되어 일을 소중한 아이처럼 끌어안고 지내보라.

9. 존경하는 멘토를 발견하라

공자는 세 사람이 길을 가면 그 가운데 한 사람은 내 스승이 된다고 했다. 죽는 순간까지 배움을 멈춰서는 안 된다. 책이나 좋은 매체를 통해 위대한 정신을 끊임없이 만나고 체득하는 일은 인생을 가장 충만하게 사는 법이다. 현대를 사는 가장 큰 이점은 바로 수많은 멘토를 여러 채널을 통해 만날 수 있고, 그들로부터 감화받을 수 있다는 사실이다.

10. 매일 사랑할 수 있는 대상을 만들어라

가족이나 사랑하는 애인이라면 더할 나위 없이 좋겠지만, 꼭 그들이 아니더라도 당신은 매일 사랑할 대상을 찾을 수 있다. 유기견 보호소에서 죽음을 앞둔 강아지를 분양받을 수도 있고, 춥고 배고픈 길 잃은 고양이를 돌볼 수도 있다. 소음이 싫은 사람이라면 첫눈에 마음이 끌리는 물고기나 거북이를 기를 수도 있다. 아니면 먼 타지에 사는, 살아갈 힘이 부족한 아이나 노약자가 사랑의 대상이 될 수도 있다. 내가 사랑할 대상은 세상에 너무나 많다.

CHAPTER 2

상처투성이 세상에서 길을 잃지 않는 법

인생은 자전거를 타는 것과 같다.
균형을 잡으려면 움직여야 한다.

알베르트 아인슈타인

안전한 길만 가는 사람은
인생의 재미도 얻을 수 없다

정미 씨는 내가 쓴 책을 읽고 상담을 받고 싶다며 찾아왔다. 6개월 넘게 고민하다 겨우 용기를 냈다고. 자신은 무기력해서는 안 될 사람이라고 했다. 남들 눈에는 충분히 부러운 삶을 살고 있기에.

그녀는 학창 시절 공부를 잘했다. 그 덕에 무난히 명문대 약대에 입학할 수 있었다. 남편은 개인병원 의사다. 대학 시절 소개로 만나 연애를 하다가 결혼에 이르렀고, 지금까지 결혼생활에 별다른 불만을 느낀 적이 없었다. 큰아이는 공부를 잘해 남들은 고생해서 들어간다는 외고에 힘들이지 않고 입학했다. 시댁과의 사이도 나쁘지 않아, 사람 때문에 걱정이 많았던 적도 거의 없었다.

그러니 자신의 무기력은 이해할 수 없는 일이라고.

"남편이 저보고 우울증 같다며 먼저 상담을 받아보라고 했죠."

"다정다감한 분인가 보네요?"

"다른 의사처럼 이과 스타일은 아니에요. 그랬으면 그 사람과 연애도, 결혼도 하지 않았을 거예요."

"정미 씨 지금 어떤 점이 가장 힘드신가요?"

"뭐랄까요? 몹시 무기력하다는 게 문제고요. 세상 사는 게 그리 재밌지가 않아요."

"삶이 마냥 기쁜 건 아니죠."

"그건 알죠. 사는 게 무조건 즐거워야 한다는 건 아니에요. 하지만 도무지 생활에서 기쁜 일을 발견할 수가 없네요."

정미 씨와 좀 더 심도 깊은 이야기를 나누는 동안 무감동, 무기쁨의 정체가 드러났다. 정미 씨에게 이과 선택이나 약대 진학은 전혀 바라는 바가 아니었다. 많은 사람들이 성적에 맞춰 진로를 택하듯이, 정미 씨 역시 선생님의 권유로 이과를 택했고, 또 성적이 좋아 자연스럽게 약대에 진학한 것이었다.

"정말 해보고 싶었던 일은 무엇일까요?"

"글쎄요. 학창 시절에는 눈앞에 놓인 공부만 쫓아가느라 생각도 못했죠. 남들은 제가 공부를 쉽게 한다고들 했지만, 앞만 보고 열심히 해서 그런 거지 전 항상 공부가 힘에 부쳤어요. 대학 때는 더 그랬죠. 늘 모자란 공부를 하느라 그런 한가한 생각을 할 겨를이 없었어요."

그녀의 이야기를 들으며 마흔이 넘도록 자신이 좋아하는 일이 무엇인지, 또 무슨 일을 가장 하고 싶은지 모른다는 것이 안타까웠다. 하루는 그녀에게 심리학자 하워드 가드너의 다중지능 이론에 대해 알려줬다. 그리고 상담실 컴퓨터로 검색해 서번트 신드롬을 가진 화가 스티븐 윌트셔의 사진 몇 장을 보여주었다. 그는 자폐증상과 지적장애를 갖고 있지만, 미국에서는 제법 알아주는 유명한 화가다. 특히 뉴욕의 도시 풍경을 마치 사진 찍듯, 하지만 자신만의 스타일로 그려내는 것으로 유명하다. 그림을 그리는 윌트셔는 무척 즐거운 듯 몰입해 있었다.

"이 사람, 그림 그리는 일이 무척 행복한 것 같아 보여요."

"뇌 과학 연구를 하다 알게 된 사실인데, 뇌의 어떤 부분이 손상되면 그 사람이 가진 능력 가운데 어떤 것도 사라진다는 사실을 알게 됐어요. 그게 다중지능 이론이란 게 나온 과학적 근거이기도 하고요."

다중지능에 대해, 모두에게는 타고난 뚜렷한 소질과 적성이라는 게 존재한다는 설명을 하고 난 후, 정미 씨와 다중지능 검사, 진로적성 검사, 뇌 유형 검사 몇 가지를 해보았다. 정미 씨는 검사를 하며 마치 비밀의 문을 여는 것 같아 몹시 떨린다고 했다.

그녀의 최고 강점지능은 음악지능이었다. 그다음으로는 언어지능이 높았다. 우울증을 앓고 있어서인지 자기성찰지능이 가장 낮았다. 자기성찰지능은 말 그대로 자기 욕구에 대한 이해, 삶에 대한 뚜렷한 목표와 가치관을 갖게 해주는 지능이다. 이 지능은 음악지능이나 공간지능처럼 특정한 재능의 여부를 알려주지는 않는다. 하지만 자기성찰지능이 낮으면, 자기다운 삶을 살아가기가 어려운 경우가 많다.

특히 정미 씨는 대인관계지능이 높았다. 그녀는 다른 건 몰라도 인간관계에서만큼은 문제를 거의 느끼지 않는 관계의 달인이었다. 애초 우뇌형인데다, 보통의 문과 출신들보다 공감 능력이 더 뛰어났다. 그녀가 주변 사람들의 요구에 부응해 열심히 공부를 했던 것도 높은 대인관계능력 때문이었다. 부모님을 실망시키지 말아야겠다는 생각에 누구보다도 열심히 공부했던 것이다.

"정미 씨. 지금 전반적으로 의욕이 낮다 보니 문항에 답할 때도 '잘한다', '잘했다', '관심이 있다'고 말하지를 않네요. 하지만 음악지능과 관련된 항목에서만은 '그렇다', '매우 그렇다'라는 답을 많이 하셨어요."

"맞아요. 음악이 유일한 낙이에요. 아이들 보내고, 약국 열기 전까지 한두 시간 음악 감상 하는 게 가장 소중한 일상이에요."

"피아노를 오래 쳤다고 하셨죠. 작사가 같은 걸 하셨으면 좋았을 것 같네요."

"아, 그걸 어떻게 아셨어요?"

조금 놀란 표정을 지으며 그녀는 고민이 담긴 진한 한숨을 내뱉었다. 정말로 작사가가 된다면 얼마나 좋을까 하는 생각을 수없이 했다고. 하지만 진로에 대한 고민이 깊어질 무렵 이미 약대를 마친 상태였고, 남편 병원 밑에서 약국을 도맡아 하면서 눈코 뜰 새 없이 바빴다. 그렇게 후회나 미련의 밤을 지새우며 20년의 시간이 가버린 것이다.

과감한 모험이든가,
아니면 아무것도 아니든가

상담이 막바지에 이를 무렵, 하루는 기나긴 번뇌의 밤들을 보냈던 그녀를 위해 노래를 하나 선물했다.

"가수 임재범 씨가 한 음악 프로그램에 나와 부른 노랜데요. 이글스의 원곡을 다시 부른 거예요. 한번 들어보세요"

Desperado, why don't you come to your senses? You been out ridin' fences for so long now. Oh, you're a hard one. I know that you got your reasons.

(데스페라도, 이제는 정신을 좀 차려요. 오랫동안 당신은 중립적인 입장만 취하고 있었잖아요. 오, 당신은 어려운 사람이에요. 당신에게도 나름의 이유가 있다는 것을 알아요.)

- 이글스, 〈Desperado〉

노래가 끝나고 그녀는 한동안 아무 말이 없었다. 노래는 이제 방황을 마치고 자신을 사랑하라고 설득하는 내용을 담고 있다. 조금 눈시울이 붉어진 그녀는 온 힘을 다해 한마디를 뱉어냈다.

"마음이 많이 아프네요."

상담은 잘 진행되었지만, 나중에 몇 가지 의견 불일치도 있었다. 나는 음악을 사랑하고 좋아하는 사람이니 음악활동을 좀 더 늘려보라고 했다. 좋아하는 악기 하나를 골라 레슨을 받아본다든가, 시립 합창단 같은 곳에 지원해 노래를 불러보면 어떨까 하는 제안이었다. 하지만 그녀는 이런 조언을 달가워하지 않았다. 이제 와 새삼이 나이에 그런 일을 벌이기가 버겁고, 부끄럽다며.

"정미 씨. 이런 걸 매몰비용이라고 하는데요. 사람들은 돈이나 노력, 시간을 일단 어딘가에 투자한 뒤에는 설사 그 일이 잘못되었다 해도 계속하려는 성향이 강하답니다. 이제껏 들인 비용이 아까워서요."

"대개 그렇죠. 제가 그랬던 것처럼……."

"좀 더 빨리 방향을 바꾸고 새로운 도전을 했다면 더 좋은 일이 생길 수도 있었을 텐데 말이죠."

노벨경제학상을 탄 대니얼 카너먼 교수는 '매몰비용 오류 때문에 사람들은 열악한 일자리, 불행한 결혼, 전망 없는 연구 프로젝트에 계속 집착하고 매달린다'고 말했다. 지금 하는 일의 사회적 평판이

나쁘지 않다면 사람들은 더 그 일을 버리지 못한다. 변호사나 의사처럼.

"'인생은 과감한 모험이든가, 아니면 아무것도 아니다'라는 말 들어보셨어요? 헬렌 켈러가 한 말인데."

"인생은 과감한 모험이든가, 아니면 아무것도 아니다."

"한 번만 모험을 해보세요. 인생은 한 번뿐이니까요."

몇 달간 지속된 상담을 통해 우울증이 꽤 호전된 정미 씨는 더 이상 상담을 받고 싶지 않다고 했다. 내 생각에는 진로 상담이 더 필요할 것 같았지만, 그녀는 "이 나이에 무슨……"이라는 말을 변명처럼 계속하곤 했다. 그래서 나는 그녀가 그 후 음악활동을 시작했는지, 어떤지는 알 수 없다. 내가 느낀 그녀의 수동적이고 소극적인 성격대로라면, 아마 새로운 일을 벌이지 못했을 가능성이 높다. 물론 과감하게 새 길을 개척했을지도 모를 일이다.

자기다운 일을 찾고 소명감에 가득 차서 그 일에 몰입하며 사는 사람은 참으로 행운아다. 그것은 열정과 운이 함께 따른 소수의 행복이기 때문이다. 게다가 자신이 하고 있는 일이 자신과 맞지 않다고 느껴질 때 용기 있게 새로운 길을 찾아나서기란 더더욱 어렵다.

먹고 살만한데, 적성 타령이라니. 사람들은 이를 배부른 투정이라 말하기도 한다. 이런 사람들에게 연세대 서은국 교수는 한국인이 행복해지기 위해 꼭 필요한 가치지향이 바로 '개인주의'라고 말한다. 타인의 눈치를 살피며 그들에게 자신의 에너지와 시간을 헌신하기보다 자신이 바라고, 즐기고, 원하는 방식의 관계와 만남, 생활에 집중하라는 뜻이다.

어차피 한 번 사는 인생이니, 어느 날에 한 번쯤은 자신의 길에 대해 깊이 생각해볼 일이다.

어쩌다 나는
사랑 불능자가 됐을까?

어쩌다 보니 우리는 사랑을 아끼는 사람들이 되었다. 함부로 사랑을 베푸는 것은 어리석다는 충고를 자주 듣곤 한다. 당연한 이치겠지만, 내가 사랑을 아끼면 나 역시 사랑을 쉽게 얻을 수 없다.

한 공공기관의 콜센터에서 일하는 정아 씨는 스트레스가 무척 심했다. 감정을 늘 마음 한편에 담아두는 정아 씨에게 대인 스트레스가 심한 감정노동은 애초에 힘든 일이었다. 졸업하고 몇 년간 공무원 시험을 준비했지만, 지쳐서 시험을 포기한 이후 3년쯤 방황을 했다. 그때 알코올중독에 가깝게 지내기도 했다.

어려운 형편 탓에 서둘러 일을 구하기는 했지만 날이 갈수록 그녀는 소진되고 있었다. 그리고 일한 지 1년이 채 되지 않아 우울증이 찾아왔다.

나와의 두 번째 만남에서는 조금 불편한 대화가 오갔다.

"다른 일을 해볼 생각은 안 했나요?"

"다른 일을 할 수 없으니까 상담을 받으러 온 거죠."

"글쎄요. 이 일을 계속하면서 감정 다스리는 법을 배운다거나 다친 마음을 치유한다는 건 쉽지 않을 것 같은데요."

정아 씨는 내가 만나본 내담자 가운데 가장 까칠한 편에 속했다. 지금 하는 일을 바꿔보라는 내 조언에 적잖이 실망한 듯 툴툴 거렸다. 나는 그녀가 다음 상담에 나타나지 않을 거라고 생각했다.

하지만 세 번째 상담에도 그녀는 왔고, 몇 달 넘게 상담을 이어갔다. 나와 이야기를 나누면 그나마 회사 나가기가 조금은 편안해지기 때문에 상담을 계속 받을 생각이라고 말했다.

뻔한 이야기지만 일과 사랑, 삶 사이에는 균형이 필요하다. 일에 너무 많은 시간을 빼앗겨도, 일과 삶에 저당 잡혀 사랑을 놓쳐서도 안 되는 것이 인생이다. 사랑 없이는 일에서든 일상에서든 편안하기 어렵다. 꼭 깊은 연인 관계가 필요하다는 뜻은 아니다. 그것은 가족 간의 사랑일 수도 있고, 진실한 친구, 아니면 모임에서 만나는 사람들 사이의 작은 관심과 배려일 수도 있다.

삶과 일의 균형을 이루고 그래서 사랑할 여유와 용기가 생기면 셋 사이의 조화를 기대할 수 있다. 행복이라는 말을 굳이 써야 한다면 아마 이런 상황이 아닐까.

　그래서 세 번째 상담부터는 일과 관련된 대화에서 벗어나 가족과 연애에 대해 물어 보았다. 그녀는 두 번의 연애에서 몹시 상처받은 후로는 연애를 하지 않게 되었다고 했다. 또 자신의 외모에 대한 불만이 가득했다.

　"연애하는 게 부담스러운가요?"

　"내 한 몸 건사하기도 힘든데 연애는 너무 버거운 일이에요."

　"일이 맞지 않아 버거운 건지, 인생의 낙이 없어서 일이 힘든 건지 한번 생각해봅시다."

　그녀의 삶은 물기가 모두 빠진 꽃처럼 건조했다. 집과 회사만 오가며 사는 재미라곤 하나도 없는 일상이었다. 유일한 낙이라면 월급을 받아 저축하고 갖고 싶은 물건을 얼마간 사는 재미 정도였다. 그나마 부모에게 용돈을 타 쓰던 공무원 준비생일 때는 꿈도 못 꿨던 일이었다.

　학창 시절부터 사귄 친한 친구 둘은 모두 결혼을 하면서 사이가 소원해졌다. 얼마 전 친구의 집을 찾아갔지만 하루 종일 갓난아기만 보다가 이야기도 제대로 못하고 돌아왔다고 하소연했다.

　"연애할 때마다 힘들었나요?"

　"대학교 2학년 때 과 동기랑 잠깐 사귀었는데, 얼마 안 되어 애정이 식었다며 떠났어요. 그러더니 곧 과에서 가장 예쁜 후배랑 사귀더군요. 같은 과에서 벌어진 일이라 소문이 파다했죠. 두 번째는 공무원 시험 준비할 때 같이 스터디하던 오빤데…… 먼저 시험에 붙

고 나더니 얼마 지나지 않아 헤어지자고 했어요."

"두 번 다 많이 힘드셨겠네요?"

"제가 남자 복이 없나 봐요."

정아 씨에 대한 이해가 깊어지면서 왜 연애가 그토록 힘들었을지 짐작되는 바가 하나둘 보였다.

"남자친구에게 사랑한다는 말을 자주 하셨나요?"

"아뇨, 그러지 못한 것 같아요. 제 자신도 사랑하기 힘든데 누구보고 사랑한다고 말하기는 쉽지 않은 거잖아요."

"그 때문에 남자친구들과 잘 지내지 못했다거나 헤어졌다는 이야기는 아니에요. 하지만 정아 씨는 사랑에 너무 수동적이에요. 상대가 3 정도 사랑을 표현하면 1이나 2 정도는 내어줄 수 있어야 하지 않을까요. 정아 씨…… 사랑은 주는 만큼 받는 거예요."

연애를 위해서가 아니라 즐거운 인생을 위해 몇 가지 강력한 실천을 독려했다. 여행, 독서, 공연 관람, 동호회 가입 같은 거였다. 새로운 친구부터 몇 명 사귀라는 취지였다.

결국 당신이 받은 사랑은
당신이 준 사랑

처음 나를 찾아왔을 때 정아 씨는 약간 비만에 가까운 체형이었다. 대학 시절 이후로 항상 비슷

한 체형이었다고 했다. 스트레스를 주로 음식으로 풀었기 때문이다. 인생의 불만이 비만이 되고 만 사례였다. 하지만 내 강력한 요청에 따라 이런저런 활동에 참여하면서 체중이 조금씩 줄기 시작했다. 아이러니하게도 맛있는 음식을 즐기고 싶어 맛집 동호회에 들었는데, 눈에 띄게 살이 빠지기 시작했다.

그로 인해 몇 번의 상담은 어떻게 하면 살을 더 효과적으로 뺄 수 있는가 하는 다이어트 상담이 되기도 했다.

상담을 시작한 지 다섯 달쯤 지난 어느 날, 상담실에 나타난 정아 씨의 표정이 의미심장했다. 기쁜 것도, 걱정스러운 것도, 편안한 것도, 그렇다고 불안한 것도 아닌 오묘한 표정이었다.

"자꾸 한 사람이 연락을 해와요."

"전에 말한 그 동호회 회원인가요?"

"예⋯⋯."

"무슨 문제예요. 좋은 사람 같다면서요. 정아 씨의 마음을 솔직하게 표현해봐요."

관심과 사랑을 표현하는 일이 여전히 힘든 그녀가 내 말에 용기 내어 보낸 문자메시지는 겨우 "저도 ○○씨에게 호감이 가는걸요"가 다였다. 그러나 그 문자 하나에 모든 것이 달라졌다. 남자는 정아 씨의 마음을 눈치 챈 후 적극적으로 다가왔고 1년 후 그녀는 결혼했다. 식을 올리기 전 이미 배 속에 아이가 있었던 건 불행했던 예전 삶을 보상하는 선물이라고나 할까.

정아 씨는 지금 콜센터에서 근면 성실하고 실적이 좋은 직원으로 칭찬받으며 개근하고 있다. 고맙게도 어머니가 아이를 봐주신다고 해서 직장에 계속 다닐 계획이라고 했다. 나는 정아 씨를 통해 사랑을 줄 줄 아는 사람이 사랑을 받을 수도 있다는 지극히 당연한 사실을 다시금 알게 되었다.

비틀스의 노래처럼 말이다.

And in the end/ The love you make/ Is equal to the love you make.
(그리고 결국 당신이 받은 사랑은 당신이 준 사랑과 같아요.)
- 비틀스, 〈The End〉

더 나은 삶을 위한
버리는 연습

문학을 공부하며 20대를 보낸 내게는 욕심이 많지 않았다. 다른 사람보다 더 많은 것을 바라지 않았다. 다만 진심으로 바라는 몇 가지 중 하나는 공부를 계속하는 것이었다. 그래서 박사 진학은 내가 가장 바라는 일이었다.

하지만 꿈은 깨지고 말았다. 학내 사태가 벌어지며 교수들 사이에 살벌한 알력 다툼이 벌어졌고, 궁지에 몰린 교수 편에 서 있던 나의 박사 진학이 어려워지고 만 것이다. 열망이 컸던 탓에 타의에 의해 꿈이 꺾인 그 상황을 견디기가 힘들었다.

지인들에게는 지저분한 한국 대학에 치가 떨린다며 유학을 가겠다고 너스레를 떨었지만 속내는 달랐다. 매일 밤 가슴을 치며 왜 하필 이런 운명이 내게 왔냐며 울부짖었다. 현실을 받아들일 수도, 집착과 후회에서 벗어날 수도 없던 나는 급기야 심한 우울증에 걸리고 말았다. 무엇도 체념할 수 없었다. 체념이라는 단어 자체를 입에 담을 수조차 없었다.

우울증의 터널을 빠져나오며 나는 다시 책을 읽었다. 특별히 종교 서적을 많이 읽었다. 무엇보다 체념을 마음에 새기기 위해서였다. 노자의 《도덕경》을 몇 번이나 다시 읽고 필사했고, 스캇 펙 목사의 영성적 말씀이나, 마르틴 부버와 같은 종교사상가의 글, 달라이 라마나 틱낫한 스님, 법정 스님의 글도 매일 읽고 쓰며 새겼다.

부지런히 노력한 끝에, 나는 체념이라는 감정과 생각을 온전히 허락하게 되었다. 체념을 배우고 마음으로 받아들이는 과정은 벅차면서도 감동적인 인생 훈련이었다.

나는 상담 때마다 그때 배웠던 체념의 진리에 대해 전한다.

"버릴 수 없다면 가질 수 없답니다."

우리의 상식과는 달리 '체념諦念'이라는 말은 운명에 자신을 맡기고 그저 포기한다는 뜻이 아니다. 한자어 '체諦'는 살피고, 밝히고, 또 깨닫는다는 뜻이다. 중국에서는 체념이라는 말을 잘 쓰지 않는다. 대신 단념斷念이라고 쓰는데, 이를 두고 우리가 체념이라는 단어를 사용하는 건 일본 한자의 영향이라고 하는 이도 있다.

하지만 한자어 '체'에는 심층이 존재한다. 불교 용어 가운데 '공체空諦'라는 말이 있다. 이는 '온갖 진리는 인연에 의해 생긴 것일 뿐 실체를 가진 것이 아니니 공空이라 하고, 이것이 진리이므로 체에 이른다'는 의미다. 체는 진리를 대변하는 말이며, 변함없음을 뜻한 다. 흔히 4체는 석가가 깨달은 네 가지 지혜를 말하는데, 고체苦諦, 집체集諦, 멸체滅諦, 도체道諦가 그것이다. 이는 고통은 집착으로 생기 며, 집착을 버리면 깨달음에 이른다는 뜻을 품고 있다.

체라는 한자가 가진 또 다른 심층은 영화 제목으로 잘 알려져 있 는 '아제아제 바라아제揭諦揭諦 波羅揭諦'에서 만날 수 있다. 원래 《반 야심경》에서 '아제아제 바라아제'의 원 주문은 '아제아제 바라아 제 바라승아제 모지 사바하'이다. 이는 의미 없는 주문이 아니라 깊은 뜻을 품고 있다. '가니 가니 건너가니 건너편에 닿으니 깨달 음이 있네. 아! 기쁘구나!'라는 뜻이다. 집착에서 벗어나 진리로 나 아가자는 의미와 비로소 깨달음을 얻었을 때의 경탄을 표현한 것 이다. 이렇게 공을 들여 익힌 체념은 내게 감동의 말이자 절실한 언어였다.

그런데 체념한다는 것은 아무것도 하지 않은 채 은둔하거나 세 상을 등지는 일이 아니다. 체념이란 수동이 아닌 능동의 이해. 세 상에 대한 이해가 넓어져 마음의 번뇌가 줄어드는 것이 체념이 건 네는 평안이다. 인생과 세상을 이해하면 번뇌는 필시 줄어들기 마 련이다. 이는 부처님과 노자, 거의 모든 성자들의 지혜에 아로새겨 져 있다.

30대 중반이 되어 자임하기를, 나는 체념의 마음을 온전히 받아들였다 믿었다. 하지만…… 아니었다. 나의 그릇은 아직 작았다.

인간의 영원한 친구, 죽음

2009년 초여름으로 기억한다. 가족들과 함께 나들이를 다녀온 다음 날 새벽, 아버지께서 돌연 뇌출혈로 쓰러지셨다. 갑작스런 일이었다. 오랜만에 고향 친구들을 만나 버거운 음주를 한 후 아버지는 힘들어하셨다. 막내 동생은 기운을 더 회복한 뒤에 시골집에 올라가라고 말렸지만, 두고 온 작물들이 걱정이라는 아버지 뜻을 꺾지 못했다. 큰아들의 의학박사 논문이 나온 것과 두 아들이 함께 쓴 책이 곧 출간되는 것을 두고 아버지는 구름이라도 탄 것처럼 기뻐하셨다. 평소 잘 웃지 않던 얼굴에도 미소가 번졌다.

시골집으로 돌아온 후 아버지는 며칠간 술병을 심하게 앓았다. 그런데도 고집스런 성미 탓에 30도가 넘는 땡볕에 나가 몇 시간이나 풀베기 작업을 한 것이 화근이었다. 잡초가 자라 작물을 덮은 꼴을 그냥 놔두지 못한 것이었다.

한밤 혼자 뒷마당에 바람을 쐬러 나갔던 아버지는 뇌출혈로 쓰러졌고, 나도 어머니도 우리 안식구도 이를 까마득히 모른 채 잠에 빠져 있었다. 동틀 무렵 아버지가 곁에 없어서 찾던 어머니가 뒷마당에 쓰러져 있는 아버지를 발견했다. 골든타임이 지난 후였다. 읍내 의사는 자기 의술로는 안 될 일이니 큰 병원으로 옮기라 했다. 이미 회복이 불가능한 상태였다.

나는 스치듯 아버지가 의식을 찾았을 때 벌어질 비참한 상황을 상상했다. 반신불구로, 혹은 거의 사지가 마비되어 주변 사람에게 수발을 받는 일을 과연 당신이 바라실까? 내가 아는 아버지는 결코 원치 않으실 것이다. 나는 이를 악물고 평생 정갈하고 맑은 삶을 사셨던 아버지께 깨끗한 임종을 드려야 한다고 생각했다. 딱 한 번 온 힘을 다해 체념의 힘을 발휘했다. 내 결심이라기보다는 아버지를 너무 잘 아는 아들이 내릴 수밖에 없는 결정이었다.

외국에 나가 있던 형이 돌아와 누워 있는 아버지를 보고 격노했다. 어째서 모교 병원으로 옮기지 않았느냐며 질책을 쏟아냈다. 허나 인간이 어찌할 수 없는 것이 죽음이다. 아버지는 인공호흡기로 며칠을 연명하다 숨을 거두셨다.

나는 이듬해가 지나도록 회한과 자책에서 벗어나지 못했다. 때로 두려움에 떠는 아이처럼 몹시 흔들리기도 했다. 의연하려 애써봐도 슬픔은 시시때때로 출몰해 목 놓아 울게 했다. 그 슬픔을 형언하기 어려웠다. 그 자책을 멈출 수가 없었다. 나는 다시 아무것도 체념할 수 없는 지경에 이르고 말았다.

1년이 넘도록 뉘우치고 반성하고 자성하며 아버지의 죽음이라는 감당하기 어려운 사태를 체념하기에 이르렀다.

내가 무척 아끼는 그림책이 하나 있다. 죽음의 문제 때문에 힘겨워하는 내담자를 만날 때면 나는 항상 이 책을 펼친다. 볼프 에를브루흐가 그리고 지은《내가 함께 있을게》라는 그림책이다.

에를브루흐는 우리에게《누가 내 머리에 똥 쌌어?》를 그린 것으로 잘 알려진, 세계적인 그림책 작가다. 그는 다소 어려운 철학적 주제도 격조 있게 창조해낸다.《내가 함께 있을게》는 죽음과 죽음을 대하는 인간의 온당한 자세에 대해 알려준다. 이렇게 간결하게 체념과 인간의 숙명을 말할 수 있다는 것이 감탄스럽다.

그림책의 주인공은 의인화된 오리 한 마리다. 그리고 놀랍게도 주 등장인물은 오리와 그의 친구 '죽음'이다. 작가가 최대한 부드럽게 그려내고 있지만, 친구 '죽음'은 해골 모양의 얼굴을 한 섬뜩한 모습이다. 그런 까닭에 나조차도 죽음에 대해 되물어야 하는 특별한 경우가 아니고는 이 그림책을 잘 펼치지 않는다. 책의 잔상이 내게도 막대한 까닭이다.

그림책은 오리가 뒤에서 따라오는 죽음의 존재를 눈치 채는 장면으로 시작된다.

"대체 누구야? 왜 내 뒤를 슬그머니 따라다니는 거야?"
"와, 드디어 내가 있는 걸 알아차렸구나. 나는 죽음이야."

죽음이란 하이데거의 말대로 항상 인간을 따라다니는 존재다. 죽음의 손에는 오리가 혹 죽을 순간을 대비하여 검은 튤립 한 송이가 항상 쥐어져 있다. 죽음을 처음 대면한 오리는 소름이 돋는 불안을 느낀다. 하지만 어느새 오리와 죽음은 친구가 된다. 함께 수영을 하고, 추위를 막아주고, 신기한 체험도 하면서 친한 친구가 된다.

어느 날 서늘한 바람이 깃털 속으로 파고들던 날, 오리는 죽음을 맞는다. 오리의 친구가 되었던 죽음도 강물에 오리의 시체를 떠내려 보내며 오리의 죽음을 슬퍼한다.

죽음은 오랫동안 떠내려가는 오리를 바라보았습니다.
마침내 오리가 보이지 않게 되자 죽음은 조금 슬펐습니다.
하지만 그것이 삶이었습니다.

세상 모든 일이
내 책임은 아니다

"모두 제 책임이에요."

"그렇지 않아요. 모두 책임져야 할 일이란 세상에 없어요. 세상 어떤 일도 내 책임이 10퍼센트를 넘을 수는 없는걸요."

지민 씨는 자책감이 깊었다. 그녀의 자기 탓은 병적이기까지 했다. 자기가 못생겨서, 성격이 이상해서, 능력이 모자라서 나쁜 일이 일어나고 지금 처지가 위태롭다 여겼다. 서른여섯 해를 사는 동안 이룬 것이 없음을 후회하고 있었다.

그러나 병든 아버지와 생활 능력이 없는 어머니를 대신해 가장 노릇을 하며 두 동생을 거두어온 삶이었다. 악착같이 일해 두 동생을 대학까지 졸업시켰다. 자신도 힘들게 야간대학을 다니며 졸업장을 땄다. 하지만 변한 것은 없었다. 여전히 동갑의 무능한 과장이 그녀보다 훨씬 많은 봉급을 받았다. 달마다 그의 월급을 통장에 입금해줄 때마다 지민 씨는 속이 상했다.

대학 나온 사람이 자신보다 빨리 승진하고 많은 돈을 받는 것이 싫어 공부했건만, 4년 동안 들인 시간과 돈만 아까울 뿐 현실은 그대로라 허망하기만 했다.

10년 넘게 일하며 지민 씨는 회사에서 없어선 안 될 사람이 되어 있었다. 임원들은 자주 "지민 씨 딴 데 가면 우리 회사 망해"라며 그녀를 회유했지만 회사는 그녀에게 정당한 대우를 해주지 않았다. 따지지도 못하는 성격인지라 그 책임을 자신에게 돌릴 수밖에 없었다. 감히 주제 파악 못하고 부질없는 짓을 시도했던 것이라 결론지었다.

애초에 이를 악물고 공부해서 성공을 위해 달렸어야 했다. 집안 형편이야 어떻든 이기적으로 살았어야 했다. 결국은 그것이 모두를 위한 길이었다. 그러지 못해서 지금 '이 모양 이 꼴'이 된 것이다. 자신의 삶에 대해, 세상에 대해, 인간이라는 존재에 대해 자꾸만 비관적인 마음이 깊어지는 것은 어쩔 수 없는 일이었다.

그런데 정말 이 모든 것이 당신 탓일까? 세상 어떤 일도 모두 당신 책임일 수는 없다. 진실한 책임 소재를 따지지 못하면 우리는 무조건 남 탓을 하거나 내 탓만 하는 흑백논리에 빠지게 된다. 하지만 세상 모든 일의 원인과 책임은 오로지 한 군데에만 있지 않다.

더 정확히 말해 100퍼센트 누군가의 잘못이란 존재하지 않는다.

장 발장이 빵을 훔친 것을 두고 단지 장 발장만의 잘못이라고 말할 수 없는 것과 같은 이치다. 흉악한 살인마조차 불행한 성장 과정에 그 원인이 있을 때가 많다. 얼마간 내 탓이라면, 얼마간은 남의 탓이다. 그리고 많은 경우 세상 탓이다. 몇몇 사람에게 그 책임이 있을 수도 있고, 인류가 형성한 문화나 습속習俗에 책임이 있을 때도 있으며, 타고난 유전자가 문제일 수도 있다.

최근 생물학자들이나 진화론자들은 인간의 삶에 유전자가 미치는 강력한 영향에 대해 주목한다. 인간 행동의 절반 가까이를 유전자 때문으로 보기도 한다. 인정하기 싫겠지만, 우리는 생물학적 한계를 벗어나기 힘든 존재다.

인간의 삶을 결정하는 요인이 유전자가 50퍼센트, 자라온 환경이 20퍼센트, 개인이 처한 상황(인간관계, 사회 문화, 타인의 간섭과 방해)이 20퍼센트 정도라고 한다면, 순전한 내 책임은 기껏해야 10퍼센트쯤 될 것이다.

물론 이렇게 물을 수 있다. 유전자 역시 자신의 몫이 아니냐고. 문제는 유전자의 책임 소재가 누구에게 있느냐는 것인데 굳이 지목하자면 부모의 책임이다. 아니, 그 유전자를 진화시킨 인류에게 책임이 있다.

가령 인류는 수천만 년간 혹독한 궁핍의 시기를 살아왔기에 필요한 열량보다 조금 더 많은 음식을 섭취해 지방으로 비축하려는 본성을 갖고 있다. 과한 식욕이란 어쩌면 자연스러운 것이다. 맛난 음식 앞에서 대단한 자제력을 갖는 것이 오히려 인간답지 못한 일이다. 음식은 넘치고 신체 활동은 부족하기 쉬운 현대사회에서 적정 체중을 유지하기란 참으로 버거운 일이다.

안됐지만 인간은 신보다는 유인원에 가깝다. 세상 거의 모든 사람들이 나만큼 못났고 나만큼 어눌하다. 표적처럼 선명한 1인인 빌 게이츠처럼 똑똑하지 않고, 안젤리나 졸리처럼 아름답지 않다. 아니, 그들도 그들 나름대로 못난 구석이 분명 있다. 빌 게이츠도 컴퓨터게임 때문에 딸과 싸우고, 안젤리나 졸리도 유방암이 걱정되어 가슴을 도려내는 수술을 받는다.

또 대부분의 사람은 재벌가 자제들처럼 금수저를 물고 태어나지 않는다. TV나 각종 매체에 등장하는 1퍼센트의 아웃라이어들을 기준으로 삼는 것은 온당치 않다. 그러니 세상을 살아가자면 자신이 어쩌지 못하는 수많은 상황과 일들을 받아들이는, 심지어 그것을 사랑하기까지 하는 법을 체득할 필요가 있다.

행복은 긍정을
탐구할 때 진보한다

고등학교 시절 내게는 덕화라는 친구가 있었다. 친구라고는 하지만 나보다 한 살 많은 형이었다. 그는 아이큐가 89인 엄청난 둔재로, 그 때문인지 그해 부산 지역에서 200명도 되지 않았던 고입 탈락자가 되고 말았다. 1년을 꿇고 우리 고등학교에 입학한 덕화는 비장한 각오를 밝혔다. 다시는 자기 인생에서 이런 실수를 저지르지 않겠다고.

그 후 3년 뒤 재수를 하게 된 나와 달리 덕화는 현역으로 부산 명문대에 떡하니 합격했다. 덕화를 잘 아는 친구들은 그 결과에 놀라움을 감추지 못했다. 하지만 너무 오래 책상에 앉아 있었던 탓에 어린 나이에 벌써 치질에 시달려야 했던 덕화의 말 못할 속사정을 알고 있던 나는 조용히 고개를 끄덕일 수밖에 없었다.

졸업식장에서 어두운 표정을 감출 수 없었던 나와 달리, 만면에 미소를 짓고 크게 웃던 덕화의 얼굴을 지금도 잊지 못한다. 인생은 단연코 고통 속에서 피어나는 꽃들의 잔치인 것이다.

인간의 심리적 특성 가운데 '귀인歸因' 본능이라는 것이 있다. 우리는 어떤 일이 생겼을 때 그 원인을 꼭 찾으려 한다. 원인이 밝혀지지 않으면 마음이 편치 않다. 인간의 귀인 본능은 긍정적인 호기심으로 승화될 때도 있지만, 원인을 좀처럼 밝힐 수 없는 경우에는 심한 불안과 불편한 심리를 초래한다. 때로 그럴듯한 원인을 찾아 끼워 맞추기도 한다. 그리고 우울해지면 책임에 관한 생각이 늘어난다. 책임감이 강해진다는 뜻이 아니라 내가 처한 현실에 대해 책임을 묻는 일이 잦아진다는 의미다. 이 상황을 만든 원인으로 여겨지는 대상에 대한 적개심과 증오가 커지는 동시에 자책감도 깊어진다.

그렇기에 긍정의 심리가 필요하다. 긍정심리학은 기존의 심리학이 인간의 부정적 정서에 초점을 맞췄던 데서 벗어나 인간의 긍정적 정서에 주목할 것을 주장한다. 그래서 행복과 번영 같은 삶의 긍정적인 측면을 탐구하는 데 더 중점을 둔다.

1990년대 초, 긍정심리학의 창시자 마틴 셀리그만과 미하이 칙센트미하이는 심리학의 패러다임을 전환할 것을 주장하며 인간의 행복은 긍정을 탐구할 때 진보할 것이라고 선언했다. 그러니 지금 내가 당신에게 전할 긍정의 메시지는 뜬구름 잡는 처세술 같은 속임수가 아니라 인간 심성에 대한 과학적 연구에 따른 것이다.

긍정심리학에서는 심리학의 귀인 이론을 적극 활용한다. 특히 미래를 긍정적으로 대하는 마음가짐인 낙관성을 높이기 위해 귀인의 문제에 천착한다. 낙관성이란 미래에 대한 긍정적 기대와 희망을 가지고 인생을 영위하는 태도를 뜻한다.

수십 년간 발표된 공인된 연구들에 따르면, 낙관적인 사람은 직장에서 더 많은 성과를 내고, 낙관적인 학생의 성적이 더 우수하며, 낙관적인 운동선수는 경기에서 더 자주 우승한다. 심지어 낙관적인 사람은 면역력이 다른 사람들보다 뛰어나 더 오래 생존한다. 그래서 연구자들은 낙관성이 행복과 장수, 삶의 번영을 누리게 해주는 마음근력의 바탕이라고 평가한다.

인간지사 새옹지마다. 좋지 않은 시절이 지나면 또 좋은 일이 생기는 것이 원칙이다. 그리고 거듭 말하지만 그 어떤 일도 절대 당신

혼자만의 잘못은 아니다. 당신이 당면한 그 후회스러운 일은 대개 유전자와 운명의 조화물이다. 문화와 사회, 타인들의 역동의 결과인 것이다. 그러니 당신만의 책임이 아닌 것은 자명하다.

또 역으로, 언젠가는 그 외적 요인들 덕에 당신에게 또 좋은 일이 찾아올 것이다. 그러니 이제 이렇게 말하라.

"다음엔 더 좋아질 거야. 나는 나날이 성장하는 사람이거든. 세상에 모두 내 탓인 일은 없어. 진인사대천명! 열심히 해보고 운명을 기다려보자. 좋은 일이 또 언젠가 반드시 생길 테니까."

상처투성이 세상에서
길을 잃지 않는 법

스물다섯 살의 준기 씨는 은둔형 외톨이에 가까웠다. 사회활동을 거의 하지 않고 집에서만 시간을 보냈다. 컴퓨터 앞에 앉아서 게임을 하거나 웹툰을 보며 하루를 보낼 때가 많았다. 상담실에 앉은 그의 표정은 싫증 그 자체였다. 꼭 상담이 싫어서라기보다 그에게는 세상만사가 귀찮았다. 매일 허송세월하는 꼴을 보다 못한 준기 씨의 어머니가 싫다는 아들을 사정하다시피 해 상담실로 데려온 것이다.

그런데 은둔형 외톨이가 심한 심리 문제를 갖고 있는 데 비해 그에게서는 그다지 우울증이나 불안장애 같은 병적 심리가 보이지 않았다. 스스로도 자신이 다른 사람들에 비해 조금 덜 우울한 성향인 것 같다고 말했다. 몇 년 전에는 그 정도가 심했지만 지금은 많이 나아진 것 같다고.

그가 은둔형 외톨이가 된 사연 역시 특별하달 게 없었다. 고등학교를 졸업할 무렵, 몇 가지 집안 문제가 터지며 형편이 무척 나빠진 것과 부모님의 불화 정도였다. 물론 가슴 아픈 일이긴 하나 어느 정도 큰 뒤에 벌어진 일이라 그 나름대로 잘 받아들인 듯했다.

결국 아버지와 어머니는 이혼을 택했고, 그는 어머니를 따라갔다. 거칠고 억압적인 아버지와 지내느니 생활이 여유롭진 않겠지만 어머니와 사는 편이 더 나을 거라고 판단했기 때문이었다. 나를 만나기 얼마 전까지는 편의점에서 아르바이트를 하기도 했지만 지금은 거의 모든 사회생활을 단절한 채 집에만 있는 상황이었다. 지방의 한 전문대학에서 한 학기를 마치고 곧장 1년 반 정도 공익근무를 한 뒤로는 내내 집에서 지냈다고 했다.

"대학은 왜 계속 다니지 않았나요?"

"다녀봐야 그리 득이 될 것 같지 않더라고요. 하고 싶던 공부도 아니고. 무엇보다 아버지한테 계속 등록금을 타야 할 형편인데, 그러고 싶지 않더라고요."

"아버지가 많이 미우세요?"

"그게…… 밉다기보다는 두려운 거지요."

준기 씨와의 상담은 나로서는 무척이나 흥미로운 것이었다. 그는 나 스스로에게도 물어야 할 질문을 많이 했다. 그중에 기억에 남는 질문을 몇 개 적으면 다음과 같다.

"자꾸 사회로 나가라고 하는데, 사회가 과연 나가서 살 만큼 좋은 곳인가요?"

"내가 사회생활을 한다고 한들 고작 편의점 알바 같은 게 다일 텐데, 그게 과연 사회적 존재로 잘 살아가는 것일까요?"

"열심히 살라고 하는데, 정말 열심히 살면 좋은 결과를 얻을 수 있나요?"

"세상에서 기득권을 쥐고 있는 이기적이고 사악한 사람들과 어울려 살아가는 것이 과연 저에게 행복한 일일까요?"

희망을 상실해가는 젊은 세대의 전형처럼 여겨지기도 했지만, 그의 질문은 때때로 긴 여운을 남겼다. 그러던 어느 날 그가 던진 질문은 나의 의표를 찌르기에 충분했다.

"상처투성이 세상을 살아가고 있는 선생님은 과연 괜찮으세요? 잘 지내시나요?"

나의 대답은 물론 '괜찮지 않다'였다. 겉으로는 세상살이의 흐뭇함이나 생의 가치, 목적의 중요성처럼 상담가다운 내용을 쉬지 않고 말했지만, 속으로는 말문이 막혀버렸다.

그는 그래서 방문을 걸어 잠그고 세상과 연을 끊은 채 살아가고 싶다고 했다. 아무리 좋게 보아주려 해도 세상에는 차마 눈뜨고 볼 수 없는 더럽고 야비한 일만 가득한 것처럼 느껴졌던 까닭이다. 아버지 역시 이혼하면서 20년 넘게 같이 산 어머니에게 참으로 야비

하고 저질스러운 짓을 서슴지 않았다고 했다. 돈 몇 푼에 사람 아닌 짓을 하는 것이 오히려 안타깝기까지 했다고.

"아버지요? 똥이 무서워서 피하나요. 더러워서 피하는 거지요."

아버지를 꼭 닮은 세상이 가진 더러움에 그는 많이 지쳤다고 했다. 상담을 마칠 때 그의 입에서는 사랑하는 어머니를 위해 다시 한번 용기를 내어 세상에 나서보겠다는 말이 나왔지만, 정작 나는 그의 오랜 고민에 대한 정당한 해명을 찾지 못하고 있었다.

그 즈음 세월호 참사가 일어났다. 나는 우리 안에 도사리고 있는 악마를 보았고, 이미 세상은 우리가 적응해 살아가기에는 너무 힘든 곳이 되어버렸다는 그의 변명에 설복당해버렸다. 우리는 얼마나 독해져버렸는지, 이 더러운 세상에서 진흙을 잔뜩 묻히고도 아무렇지도 않게 그렇게 살아가고 있는 것이다.

우리에게 사악한 세상보다 더 두려운 일은 현실적인 내 삶의 작고 사소한 어려움이다.

그래도 세상은
살 만한 곳이라는 희망

유려한 문체 덕택에 한국어의 아름다움을 만끽할 수 있는 작품, 채만식의 〈레디메이드 인생〉은 어른으로 사는 일의 사소하지만 치명적인 어려움을 다루고 있다. 주인공 S는 어린 아들 창선을 인쇄소에 공원으로 맡긴다. S를 아는 인쇄소 사장은 놀라며 우리 같은 사람들도 자식 공부시키느라 애쓰는데 왜 학교에 안 보내느냐고 반문한다. 그러자 주인공 S는 다음과 같이 대답한다.

"내가 학교 공부를 해본 나머지 그게 못쓰겠으니까 자식은 딴 공부를 시키겠다는 것이지요."

80년 전 일제시대, 전쟁과 세계대공황으로 인해 몹시 궁핍했던 상황이 소설의 배경이기는 하지만 지금 우리의 모습과 여전히 너무나 닮아 있다. S는 일명 룸펜(대학까지 졸업한 지식인이지만 별다른 돈벌이 수단이 없는 백수)으로 그간 경제적 어려움으로 인해 속상함이 이루 말할 수 없는 지경이었다. 그래서 아들을 인쇄소에 취직시키고 거기서 기술을 배워 밥벌이라도 하게 만들겠다는 계획을 세우고 이를 실천에 옮긴다. 사람들은 그를 욕하고 타박하지만 스스로는 이를 퍽 대견하고 현명한 결정이라고 믿는다.

준기 씨나 소설 속의 S만이 아니다. 최근 나는 대학 다니기를 포기한 청년 몇 명을 더 만났다. 그들 말에 따르면 현실을 잘 살펴보니 대학 졸업장을 받는 것이 딱히 더 나은 삶을 사는 데 도움이 안 된다고 했다. 어차피 금수저냐 흙수저냐로 모든 것이 결정되는 사회에서 좋아하는 전공을 열심히 공부해봤자 소용없는 짓 아니겠냐고. 하루라도 빨리 돈 벌 수 있는 능력을 갖겠다는 것이 그들의 한결같은 바람이었다.

물론 현실적인 생각이라는 데 동감한다. 하지만 그 결정을 내리는 데 있어 가장 우선되는 이유가 오직 '돈'이라면 그건 사회가 청년들에게 희망을 빼앗았기 때문이 아닐까.

지독스러우리만치 사악하고 악랄한 세상, 견딜 수 없을 정도로 고통과 상처를 가져다주는 사회.

문득 그런 생각이 들었다. 모두가 이렇게 세상이 아름답지 못한 곳이라고 외치기만 한다면 어떻게 될까? 만약 모두가 세상을 그렇게만 생각하고 그대로 묘사한다면, 또 그런 생각대로 살아간다면 우리는 더욱 살기 힘들어질 것이 분명하다고.

아무리 절박해도
넘지 말아야 할 선이 있다

살다 보면 술이 단 하나의 위안일 때가 있다. 소중했던 사람과 헤어지거나, 인간관계가 몹시 괴로울 때, 무엇도 위로가 되지 않을 때는 말없이 고통을 달래는 벗으로 술만 한 것이 없다.

왜 많은 사람들이 술을 벗 삼는 것일까? 아마도 잠시나마 현실을 잊게 해주기 때문일 것이다. 그래서 술과 여인을 무척이나 사랑했던 영국의 낭만파 시인 조지 바이런은 술을 '생각으로부터의 온전한 해방'이라고 말했다.

서른 무렵 내 자취방의 TV 모니터 위에는 언제나 마시다 만 소주병이 놓여 있었다. 내게는 참으로 어려운 시절이었고, 불행한 생각을 도무지 멈출 수 없던 때였다. 생각이 구더기처럼 들끓을 때면 유일한 방책은 술을 마시고 억지 잠을 청하는 것이었다. 하지만 술이 술을 마시는 일은 오래갈 수 없었다. 곧 속이 문드러졌고, 가끔은 기면증 환자처럼 길에서 실신했다. 그러다 낙향하면서 겨우 술에서 멀어질 수 있었다.

건강하게 술을 즐기는 사람도 있을 테지만 정신의학에서 술은 치명적인 중독 대상이다. 술은 인간을 중독 상태로 이끄는 가장 위험한 물질 가운데 하나다. 인류는 어마어마하게 술을 마신다. 환경적 영향 탓에 최고의 술 소비국은 대부분 추운 지방인 구소련 인접국들이다. 한국은 1인당 술 소비량이 전 세계 190개국 가운데 15위이고, 아시아에서는 단연 1위다. 그러나 술 마시는 사람을 기준으로 순위를 매기면 한국의 음주 실태는 더 심각해진다. 프랑스는 1인당 술 소비량이 세계 20위지만 실제 술을 마시는 사람을 기준으로 따지면 113위다. 국민 다수가 술을 마시지만 과음은 하지 않는다는 뜻이다.

반면 한국은 술을 거의 마시지 않는 사람이 절반 이상이어서 술 마시는 사람의 소비량만 따지면 세계 10위까지 껑충 뛰어오른다. 특히 소주처럼 도수가 높은 술 소비가 많아서 알코올 도수로만 따진다면 (아직 그런 통계는 없지만) 순위는 더 오를 것이다. 술에 중독된 사람들의 숫자 역시 많다. 현재 한국의 알코올중독자 수는 180만 명이 넘는다.

행복 연구의 완성자라고 칭송받는 조지 베일런트 교수는 과하지 않은 음주를 장기적인 행복의 일곱 가지 요소 가운데 하나로 지목했다. 이는 80년 가까이 진행된 발달 연구를 종합한 결과 밝혀진 사실이다.

돌아가신 아버지도 애주가였고 나의 형, 동생 모두 애주가인데 지금의 나는 거의 술을 마시지 않는다. 나로 하여금 술독에서 단숨에 빠져나오게 한 은인이 있다. 고통의 바다에서 헤어나지 못하고 마냥 술로 상처를 달래던 시절, 나는 너무나 아끼던 벗과 가슴 아픈 이별을 겪었다. 내게는 참으로 슬픈 기억이다.

나이는 나보다 한 살 어렸지만 학번은 하나 높았던 원진 선배. 그는 참 좋은 사람이었다. 20대를 함께 보낸 그와 나는 각별했다. 어느 날 모임을 마치고 술에 취해 집에 가던 길에 그는 혼자 지하도 난간 위에 걸터앉았다. 그리고 그만 정신을 잃고 추락해 뇌출혈로 세상을 떠났다.

그가 사경을 헤맨다는 소식을 듣고 나는 심장이 멈추는 듯했다. 회생하기를 간절히 빌었으나 얼마 버티지 못하고 죽고 말았다. 그 후 술은 그를 가슴 아프게 떠올리는 매개가 되었다. 신촌 거리에서 술에 취해 비틀거리던 그의 모습과 추락하는 순간의 상상이 머릿속을 떠나지 않았다. 술이 두려웠다. 그것이 그토록 집착하던 술을 단번에 멀리하게 한 계기였다.

그가 죽기 얼마 전이었다. 내가 아는 한 항상 솔로였던 그는 어느날 가방을 사야겠다고 했다. 그의 가방은 이미 구멍이 숭숭 나 몰골이 말이 아니었다. 멜 수만 있다면 더 멜 사람이지만 가방 끈이 떨어져 더 멜 수가 없었다. 길에서 아무 가방이나 사겠다는 그를 끌고 나는 이대 앞의 한 가방 가게에 데려갔다. 그는 가방 따위나 사는 하찮은 일에 내가 동행해준 것을 고마워했다. 그리고 그날 내 자취방까지 따라온 그와 밤새 이야기를 나누었다. 죽던 날도 그는 그 가방을 메고 있었다.

그의 죽음으로 내 절망은 더 깊어졌다. 뒤이어 몇 가지 불운과 고난이 겹치며 나는 심한 우울증에 시달리게 되었다. 그러나 술에 의존하지는 않았다.

온전한 삶을 위해
끊어야 할 것들

술과 관련된 내담자 가운데 가장 기억에 남는 사람은 정식 씨다. 그는 서른이 넘었지만 변변한 직장조차 없었다. 당시 기간제 교사를 하고 있었지만, 미래가 불확실했다. 그 기간이 길어지면서 원래 있던 우울증과 불안장애, 대인기피증도 갈수록 심해졌다.

그는 어머니의 죽음에서도 벗어나지 못하고 있었다. 그의 아버지는 주정뱅이에다 도박 중독자였다. 가난한 아들을 등치고 아내가 모은 푼돈을 뺏는 배덕자였다. 아들의 학비를 위해 아내가 숨겨둔 돈을 빼앗아가곤 했다. 어머니는 결국 고된 인생살이로 3년 전 췌

장암을 앓다 죽었다. 사랑하는 사람의 죽음은 그를 더욱 깊은 절망감 속으로 밀어 넣었고, 술에 의지하게 만들었다.

정식 씨의 깊은 고민은 이런 것이었다.

'나에게는 나쁜 피가 흐른다. 인생을 기만하고 타인의 인생을 망치려는 충동이 존재한다. 그러니 그 사람(그는 아버지를 그 사람이라 칭했다)이 유전한, 그 모자람이 출몰할 때마다 말할 수 없는 좌절을 느낀다. 끊임없이 나태, 자기기만, 그리고 술과 투쟁하고 있지만 자주 무너지는 자신을 직면한다. 더군다나 나에게서 아버지의 모습이 발견될 때면 더욱더 폭음을 멈출 수 없다.'

술에 취한 자신을 미워하면서도 술에서 깨어날 수 없었다. 아버지가 술을 마시고 난동을 부리던 유년시절이 끔찍했음에도, 자신의 방 안에 술병을 쟁여놓고 살았다. 그에게 아버지는 여전히 너무나 두렵고 피하고픈 존재라서 고향에서 멀리 떨어진 도시에서 살고 있었다. 가끔 볼일이 있어 고향에 들를 때면 아버지와 마주칠까 봐 극도로 긴장했다.

1년 전에는 큰 결심을 하고 단주회에 가입해 술을 끊으려고 노력했다고 한다. 하지만 작은 사건을 계기로 허사가 되어 망연자실하던 차에 나를 찾아온 것이었다. 나와 상담하며 몇 가지 심리 문제에서는 벗어났지만 마지막까지 금주는 쉬운 일이 아니었다. 상담이 끝나고 나서도 정식 씨가 술에서 완전히 멀어지는 데는 1년이 넘게 걸렸다. 그에게 술은 애증의 대상이었다. 술은 자신을 갉아먹고 죽이지만, 또한 자신을 위로하고 살리는 것이었다.

정식 씨 사례 말고도 술 때문에 가정이 파탄 나고 알코올중독 때문에 삶이 피폐해져 온전하게 살기 힘든 사람이 주변에 부지기수다.

여전히 사람들은 술이 마약도 아닐뿐더러 오히려 사람 사이를 가깝게 하는 명약이라 여긴다. 술에 대해서만은 관대하다. 심지어 술에 취해 저지른 범죄는 정상 참작이 된다. 그러니 불안과 고통을 술로 달래는 일은 더욱 만성화된다.

나도 근래에 조금씩 다시 술을 마시고 있다. 대신 약간의 심리적 기법을 써서 술을 살 때나 술을 마시기 전에 스스로에게 최면을 건다. 가령 마실 만큼의 술만 구입하고, 술을 마시기 전 이미지트레이닝으로 언제 술을 그만 먹을 것인지 상상한다. 그 덕에 과음하는 경우가 거의 없다. 더 중요한 것은 평소의 스트레스 관리다. 적정 이상의 스트레스는 과음과 알코올의존증으로 나아가는 방아쇠이기 때문이다.

그런데 다 배부른 소리다. 어떤 이들에게는 죽지 못해 마시는 것이 술일 수도 있다. 술은 작은 인간의 유일한 해방일 때가 많다. 소주 한 병으로 험한 세상에서 벗어나 잠시 천국에 들를 수 있으니, 아니 지옥에서 벗어날 수 있으니 말이다.

결국 당신의 선택만이 남았다. 술에 빠져 잠시 천국을 맛볼 것인가. 아니면 술에서 벗어나 넓은 세상 속에 숨어 있는 진실한 삶의 묘미를 맛볼 것인가. 그러나 그 어떤 선택을 하더라도 책임은 당신 자신에게 있다는 사실을 잊지 말아야 한다.

일상을 행복하게 만드는
열 가지 방법

아래의 행동 리스트를 참고하면 쉽게 행복에 도달할 수 있다. 약간의 상상력을 발휘한다면 당신은 이 목록을 100가지 또는 1,000가지로 늘릴 수 있을 것이다. 작지만 지금을 온전히 느끼게 해주는 수많은 일들을 상상해보라. 그리고 용기 내 실천해보라. 행복은 먼 곳에 있지 않다.

1. 멋진 여행을 계획한다.

2. 이벤트가 있기 오래전에 그 사람의 선물을 고른다.

3. 계획에 없던 일이지만 친구를 불러 밥 한 끼 같이 먹는다.

4. 어느 날 자신을 위해 꽃을 산다.

5. 감사 편지를 써서 그 사람에게 직접 전해준다.

6. 나보다 못한 처지의 사람을 도울 수 있다면 작은 정성을 보탠다.

7. 날씨 좋은 날, 석양을 보러 나간다.

8. 아무도 보지 않을 때 하루 세 번 환하게 웃는다.

9. 매일 일어난 세 가지 좋은 일을 일기에 적는다.

10. 잠들기 전 가장 감사한 일 한 가지를 떠올린다.

CHAPTER 3

|사랑이 끝나도 인생은 계속된다|

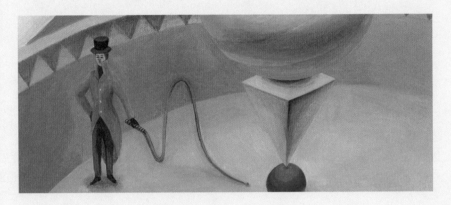

아무리 못난 사람도 사랑을 받으면
꽃봉오리처럼 마음이 활짝 열리는 법이죠.

—

영화 <그랜드 부다페스트 호텔> 중에서

누구도
죽고 싶은 사람은 없다

상담을 받으러 오는 사람들 가운데는 진심으로 죽는 게 사는 것보다 낫다고 생각하는 이들이 있다. 10대 소녀들의 자살충동과는 다른 이야기다. 그 역시 깊은 고통에서 나온 것이긴 하지만 인생에 대한 길고 냉정한 판단에서 나온 건 아닐 때가 많다. 자살충동이 삶이 너무 고통스러워 중지하고픈 감정적 욕구라면, 죽음보다 삶이 못하다는 비관은 때론 반박하기 어려운 경험과 고민에 근거한 것일 때가 많다. 그런 사람들에게서는 단단한 응어리가 느껴진다. 승연 씨가 바로 그런 경우였다.

그녀는 2년 전 이혼했다. 바라고 또 바라던 이혼이라 처음에는 홀가분했다. 그런데 1년 전 떠올리기조차 싫은 일이 생기고 말았다. 이혼할 당시 시어머니가 데려가겠다는 걸 극구 반대해 하나뿐인 아들을 데리고 나왔는데, 그만 아이가 길을 건너다 차에 치이고만 것이다. 큰 사고였지만 다행히 생명에는 지장이 없었다. 다만 사고 후유증으로 아이 얼굴에는 큰 흉터가 생겼고 다리를 심하게 절게 되었다. 치료를 받아도 쉽게 회복할 수 없는 상태였다.

사건이 생기고 몇 달이 지나는 동안 승연 씨는 심한 자책에 시달렸다. 아이 치료를 위해 어쩔 수 없이 만난 남편에게서는 험악한 욕설과 비난이 날아왔다.

"잘난 척은 혼자 다하더니 겨우 이거야. 너 때문에 애가 병신이 됐잖아."

전남편의 비난에 그녀는 반박할 수 없었다. 급기야 남편은 합의를 무시하고 아들을 데려가 자기 어머니 집에 맡겼다. 아이에게 미안해 그 역시 저항할 수 없었다. 아이와도 헤어지며 승연 씨의 고통과 상처는 더 깊어졌다.

상담을 받으러 오기 얼마 전 승연 씨는 자살을 시도했다. 이런 내막을 잘 아는 둘째 언니가 승연 씨를 강제로 끌고 나에게 데려왔다.

"바보 같은 게 자꾸 죽겠다는 거예요."

"그만큼 우울증이 심하세요. 삶에 대한 깊은 절망 때문이지요. 그런데 자살하겠다는 말을 하는 건 도와달라는 구조 요청이기도 합니다. 각별히 돌보셔야 할 겁니다. 지금처럼 못났다고 비난하고 질책할 것이 아니라 따뜻한 태도로 대하셔야 해요."

한 달쯤 지나며 격렬했던 승연 씨의 감정이 조금씩 진정되었다. 상담을 하는 동안 승연 씨가 죽음보다 자기 삶이 못하다고 생각하는 사연을 낱낱이 들을 수 있었다.

1남 3녀 가운데 셋째 딸로 자란 승연 씨는 유년이 편치 않았다. 아들을 바라던 부모는 셋째마저 딸인 것에 몹시 실망했다. 그래서 넷째까지 낳아 기어이 지금의 남동생을 얻었다. 사는 동안 남동생은 언제나 시기와 질투의 대상이었다.

10대 시절에도 행복했던 기억이 별로 없었다. 내놓은 자식 같았던 그녀는 아르바이트를 하며 자기 용돈을 벌어야 했다. 고3 때는 진학 문제로 한바탕 전쟁을 벌이기도 했다. 부모는 두 언니 모두 4년제 대학에 다니는 바람에 집안이 쪼들린다며 성적이 나쁘지 않으니 장학금을 주는 전문대를 가면 어떻겠냐고 했다. 그녀는 그 말에 결사반대했다.

겨우 원하는 대학에 진학했지만, 부모는 미운털이 박힌 그녀를 나 몰라라 하기 시작했다. 때문에 대학 시절 내내 여러 아르바이트를 전전하며 겨우 졸업을 할 수 있었다. 부모와 멀어진 승연 씨는 스무 살 이후 이런저런 핑계를 대며 명절에도 거의 집을 찾지 않았다. 가족과 남처럼 지냈다.

대학을 졸업하며 그나마 괜찮은 직장에 취업해 삶이 안정되기 시작했다. 직장생활에도 만족했다. 드디어 자신에게도 행복이 찾아오

느구나 싶어 몇 해는 정말 행복했다. 직장에서 전남편을 만나 연애까지 하며 인생이 꼭 힘들고 고달픈 것만은 아니라는 생각도 하게 되었다.

그러나 행복은 그녀의 것이 아니었다. 결혼 3년째가 되던 해 남편이 불륜을 저지른 것이다. 둘 사이는 파탄 났다. 그래도 결혼생활을 이어갔던 이유는 단지 아들을 아빠 없는 아이로 만들지 않기 위해서였다. 그녀는 슬픔도 화도 꾹꾹 누르며 몇 년을 참았다. 그 때문에 불행은 더 커졌다. 남편이 아들을 데리고 몰래 불륜녀를 만나기 시작한 것이다.

그녀가 고통을 참은 이유 가운데는 친정 식구들이 자신을 비난하고 질책할까 봐 두려웠던 것도 있었다. 남편의 외도를 1년 넘게 친정 식구 아무에게도 알리지 못하다가 둘째 언니에게 겨우 털어놓았다. 그나마 조금 친했던 둘째 언니는 아무리 상황이 힘들어도 그런 남자와 계속 사는 건 옳지 않다며 그녀 편을 들어주었고, 그 말에 이혼할 용기를 얻을 수 있었다. 그렇게 그녀는 재작년에 이혼을 했다.

"인생 참 파란만장하지요?"

상담 초기 울음을 멈추지 못하며 그녀가 내게 했던 말이다. 이혼 이후 그녀는 용기를 내어 보란 듯이 잘 살아보려고 했다. 하지만 상황은 점점 나빠져만 갔다. 자신에게 닥친 최근의 시련들로 인해 그녀는 삶이 버겁다고 했다.

"생각해보면 저도 제 운명에 질릴 정도예요. 어쩌면 이렇게 풀리는 일이 하나도 없을까요?"

그래서 사는 것보다 죽는 편이 낫다고 생각하게 됐다고. 생각해 보라고, 만약 선생님이라면 저처럼 죽고 싶지 않겠느냐고도 했다.

삶을 지리멸렬하게 여기는 그녀의 완강한 생각을 꺾자니 상담이 힘들 수밖에 없었다. 나는 살라고 설득하고, 그녀는 죽는 것이 낫다는 믿음을 버리지 못했다. 평소의 상담과는 다른 대화가 오갈 수밖에 없었다. 우울증 증세가 많이 사그라진 후 나는 그녀에게 운명을 이해하고 받아들이라는 내용의 철학적 이야기를 많이 들려주었다.

삶을 공부하면
가야 할 길이 보인다

장 지오노의《나무를 심은 사람》이라는 소설이 있다. 불의의 사고로 아내와 아이를 잃고 황무지에 들어와 사는 엘제아르 부피에라는 노인의 삶을 그린 작품이다. 부피에는 산간 오지의 황무지에 매일 100알의 도토리를 정성껏 심는다. 자기 운명을 받아들이고, 또 사랑했던 까닭이다. 도토리가 싹을 틔워 상수리나무로 자라고, 몇십 년이 지나자 그 나무들이 자라거대한 숲을 이룬다. 숲 덕분에 황무지에는 계곡물이 흐르고 다시사람들이 몰려와 마을을 이룬다.

짧은 소설이지만, 승연 씨는 읽기 힘들어했다. 자신이 책을 살 형편도 아니고, 읽을 기운도 없다고 단정 지었다. 그래서 하루는 거장 프레드릭 백 감독이 이 소설을 원작으로 만든 애니메이션을 함께 보았다. 보기 싫다던 그녀는 어느새 영화에 푹 빠져 있었다.

"가슴이 따뜻해지는 영화네요."

그녀에게서 들은 최초의 긍정적인 말이었다. 《나무를 심은 사람》은 비록 운명이 슬픔으로 가득 채워진 것일지라도 자신이 마주하는 하루하루를 성심을 다해 살아내야 한다고 가르친다. 철학자 니체는 나무를 심는 노인과 같은 마음을 '운명애Amor Fati'라고 가르친다. 이 우주와 세상의 섭리를 이해하고 초연한 마음을 잃지 않아야 한다는 가르침이다.

그리스의 스토아철학자들은 아파테이아apatheia라는 감정을 중시했다. 아파테이아는 외부의 사물이나 사건, 내적 욕망에 휩쓸리지 않는, 정념이 사라진 상태를 의미한다. 물론 쉬운 일이 아니다. 온갖 감정에 전염되어 살아가는 현대인에게는 더군다나. 이는 자기 운명을 깨달아야 비로소 어느 정도 가능해질 일이다. 운명을 이해하고, 주어진 직분에 대한 신념이 서면 예측하기 어려운 운명이 선사하는 격랑 앞에서도 굳건할 수 있는 내면이 만들어지는 것이다.

〈나무를 심은 사람〉의 마지막 장면에서 엘제아르 부피에는 선한 미소를 짓고 있다. 고통과 인내뿐인 삶을 산 그는 어떻게 마지막에 웃을 수 있었을까?

승연 씨는 원래 책을 무척 좋아하는 사람이었다. 그녀에게 책은 늘 고통스러운 인생을 다스리기 위한 마지막 보루였다. 고등학교 시절부터 힘들 때면 서점에 들러 따뜻한 위로가 될 만한 책을 사서 읽고, 그렇게 자신을 다스려왔다. 어렵게 번 아르바이트비로 영화를 보러 가거나 옷을 사는 대신 읽고 싶은 책을 샀다. 하지만 철학 책은 거의 읽어본 적이 없다고 했다.

　나는 쉬운 책이라며 리처드 스코시의 《행복의 비밀》과 알랭 드 보통의 《철학의 위안》을 권했다. 《행복의 비밀》은 알랭 드 보통조차 '행복에 대해 아주 친절하게 소개하는 책'이라고 칭찬한 책이다. 이 책의 뒷부분에는 《나무를 심은 사람》을 더 잘 이해하게 해주는 스토아철학에 대한 이야기가 나온다.

　노예로 태어나 주인에게 고문당해 절름발이가 된 에픽테토스, 숱한 정치적 탄핵에 시달렸던 키케로, 극악무도한 네로 황제의 자살 명령을 따라야 했던 세네카, 수없는 전쟁을 치르다 전사한 아우렐리우스 황제, 베트남전에서 포로가 되어 8년간 가혹한 고문과 구금에 시달렸던 제임스 스톡데일 장군까지. 스토아철학을 믿었던 사람들은 거듭되는 생의 불행에도 내면의 초연함을 잃지 않았다. 그들은 행복이란 외부의 어떤 조건이 가져다주는 것이 아니라, 자신이 행하는 덕에서 비롯된다고 믿었다. 행복의 조건이 존재하는 것이 아니라, 행복의 실천만이 있을 따름이라 여겼다.

　'절룩거리는 것은 신체적인 고통일 수는 있지만 결코 내 의지까지 꺾지는 못한다'고 말한 에픽테토스의 각오에는 진정한 행복과 평정심을 간구하는 철학적 이상이 담겨 있다.

　내 뻔한 속셈을 이미 간파하고 있던 승연 씨는 그럼에도 순순히 내가 제안하는 운명애의 연습을 실천했다. 다시 책을 읽기 시작했을 뿐 아니라, 언니와 등산도 다니고 애완견도 키우기 시작하면서 작은 행복부터 실천하기 위해 애썼다.
　"뽀삐는 제가 밥을 줄 때까지 잘 안 보채요. 참 대견해요."
　나이도 들었고, 이혼도 한 번 했고, 아이까지 마음껏 볼 수 없는 처지에 이르렀지만, 그녀는 다시 취직도 하고 사람도 만나고 싶다는 다짐을 하기에 이르렀다.
　"모두가 한바탕 꿈 같네요. 지난 모든 일이."
　우리는 길지 않은 삶을 살아간다. 죽음은 늘 삶의 앞에 있다. 언젠가는 이 모든 것이 끝난다는 사실만으로도, 삶을 더 잘 가꿀 이유는 분명하다. 스스로 삶을 죽음보다 못하다고 여기지만 않는다면 행복을 실천할 여력은 언제나 남아 있는 법이니까.

내가 먼저 사랑할 때만
얻을 수 있는 것들

"드라마 자주 보시나요?"

"거의 중독이죠. 안 보면 참을 수가 없어요."

"안타까운 일 아닐까요? 가족이 방마다 뿔뿔이 흩어져 모니터만 쳐다보고 있는 것이."

내 생각일 따름이다. 어떤 가족에게는 오히려 서로 갈등하고 언쟁을 벌이기보다 각자 방에서 스마트폰에든 TV에든 열중하는 것이 불화를 초래하지 않고 평화를 유지하는 방법일지 모른다.

준영이는 주의산만증이 있었다. 나는 제약사나 의사들이 만들어낸 '주의력 결핍 과잉 행동장애'라는 말을 잘 쓰지 않는다. 최근 들어 아이들에게 주의산만이 나타나는 이유는 책 읽기나 글쓰기, 예술 활동 같은 인간적 집중력을 요하는 활동을 제대로 하지 않은 탓이다. 스스로 몰입하고 즐기는 주의력은 저절로 생기는 게 아니라 만들어지는 것이기 때문이다.

미래학자 니콜라스 카는 공교육이 보편화되지 않고 책 읽기가 일상적이지 않던 시대에는 인류 대부분이 '주의력 결핍 과잉 행동장애' 수준의 주의력을 가졌을 거라고 추측한다. 간혹 인도의 숲에서 발견되는 늑대 아이는 수십 년을 가르쳐도 말을 배우거나 글을 읽지 못한다. 그 아이들은 늑대보다 주의가 산만할 때가 많다.

준영이 역시 책을 읽지 않던 예전 사람들처럼 살았다. 아이의 부모는 서로 등을 돌린 지 오래였고, 주말이면 각자의 방에서 TV를 보거나 게임을 하며 갈등을 피했다. 엄마는 줄곧 드라마를 보며 시간을 보냈고, 아빠는 컴퓨터로 스포츠 중계나 영화를 보며 멍하니 있었다. 준영이도 세 살 밑의 동생과 거실에서 케이블 방송의 만화 영화에 푹 빠져 지냈다.

상상만 해도 아찔하지만, 경은 씨에게는 그것이 유일한 길이었다. 둘째를 낳고 얼마 지나지 않아 부부 갈등은 극으로 치달았다. 아이들을 돌보기 위해 시어머니가 집에 들어오면서 반목은 더 깊어졌다. 그러나 직장을 다녀야 하는 경은 씨 입장에서는 거부할 수도 없는 일이었다. 연로한 시어머니는 당시 갓 첫돌을 넘긴 둘째와 준영이를 하루 종일 TV 앞에 앉혀놓았다. 고마운 TV는 성난 파이터들을 갈라놓고 진정시키는 링 위의 심판과도 같은 존재였다.

초등학교 2학년인 준영이는 늘 담임교사의 지적을 받았고, 말썽을 자주 피워 경은 씨의 애간장을 녹였다. 결국 심리 상담을 받기로 하고 날 찾아온 것이다. 그녀의 표현을 빌리면 상황은 이미 총체적 난국이었다. 나는 경은 씨에게도 넌지시 상담을 제안했다. 가끔 죽고 싶다고 느낄 정도로 그녀의 우울증은 몹시 깊었다.

그녀에게 TV는 유일한 도피처였다. 자신을 미워하는 남편을 피해, 자신을 못마땅하게 여기는 시어머니의 눈총에서 벗어나, 끝없이 무언가를 요구하는 아이들의 성화에서 탈출하는 해방구였다. 주말은 물론 평일 저녁에도 드라마를 보고 또 보았다. 집으로 돌아오는 지하철에서도 드라마 시청에 여념이 없었다. 시간이 날 때마다 드라마를 틀어놓은 자기만의 방에 자신을 가두었다.

요즘은 불륜을 저지른 남편이 다시 조강지처에게로 돌아오는 드라마에 흠뻑 취해 있다. 남자 주인공의 사랑이 되살아나는 것을 지켜보며 행복해하고 위안받고 기뻐했다. 추억을 떠올리게 하는 복고 드라마나 의학 드라마가 양념이라면 이 드라마는 그녀에게 밥과 같은 주식이었다. 본방송을 보고, 재방송을 보고, 스마트폰으로 다시 보기에 열중했다.

가끔은 드라마를 보기 위해 안방 문을 걸어 잠그기도 했다.

"잠긴 문을 확인한 남편은 기분이 어떨까요?"

"그런 거 신경 안 쓴 지 오래예요."

주저하던 경은 씨는 많은 이야기를 털어놓았다. 그녀는 행복한 가족을 꿈꿔왔다. 결혼은 그런 그녀에게 최선의 선택이었다. 엄한 부모와 냉랭한 집안 분위기에 늘 숨이 막혔던 그녀이기에 서로를 존중하고 웃음이 넘치는 가족을 만들리라 다짐했었다. 근데 자신이 그 상황을 답습하고 있다고 생각하니 괴로웠다.

아버지는 20대 초반에, 어머니는 남편과 결혼 이야기가 오가던 즈음에 돌아가셨다. 어머니만은 오래 살 줄 알았는데(그 말이 내게는 '화해하고 싶었지만'으로 들렸다), 뇌경색으로 갑자기 돌아가셨다.

"묘하더군요. 어머니가 돌아가셨을 때 울어야 할지 말아야 할지 어쩌지를 못하겠는 거예요."

사실 그녀는 몹시 후회했다. 미웠던 사람들이지만 그들을 조금 더 아껴주고 사랑해주지 못한 것을 자책했다. 어머니와 아버지에 대한 미움 때문에 일부러 기숙사에서, 자취 집에서 10대와 20대를 보냈다. 그녀는 자신이 늘 바깥으로 도는 사람 같다고 했다.

"다시 진짜 사랑을 찾으세요."

내 조언은 그것이었다. 가족에게 사용하지 않았던 그녀의 감정 근육은 손상되어 있었다. 아이들이 아홉 살, 여섯 살이 되면서 제법 여유가 생겼지만 그 여유를 가족에게 나눠주는 법을 잊어버린 상태였다. 드라마 속 주인공의 사랑은 꿰뚫어봤지만, 안타깝게도 가없는 자기 아이들을 사랑하는 데는 서툴렀다.

당신의 그 작은 사랑이
인생의 전부인 사람

현대인에게 TV는 어쩌면 가장 편한 친구다. 잔소리도 하지 않고 싫은 소리도 안 하고 내가 좋아하는 이야기, 내가 보고 싶은 장면을 끊임없이 들려주고 보여준다. 고민이나 걱정을 피하고 싶을 때, 하기 싫은 생각이 엄습할 때 습관처럼 TV를 켠다. 그리고 어느새 TV에 빠져든다.

사냥을 하고 싶지만 사냥 본능이 차단된 남성에게는 모험과 수렵 장면이 가득한 탐험 다큐멘터리가 대리 만족을 주고, 싸우고 경쟁하고 상대를 이기고픈 욕구가 차단된 남성들에게 스포츠 중계는 공격성과 남성성을 대신 표현하는 장이 된다. 언젠가 만난 한 얌전한 치과 의사는 이종격투기 중계방송의 마니아였다. 창을 들고 사냥감을 쫓고 싶은 욕구를 가진 그가 늘 상냥한 미소를 띤 채 치료만 해야 했으니(물론 그 덕분에 남부럽지 않게 돈을 벌고 있지만) 답답했던 것이다.

여성들이 드라마를 열렬히 시청하는 데도 이유가 있다. 대개는 자기 안에 갇힌 감성적 욕구와 사랑의 갈망을 간접체험하기 위해서다. 그래서 감정적 삶을 극히 차단한 채 살아가야 하는 한국 여성들의 드라마 사랑은 치열하기까지 하다.

카타르시스는 묵은 감정을 씻어내는 정서적 정화와 함께 마음속에 억압된 감정의 응어리를 풀어내는 대리 배설의 의미를 갖고 있다. 2,000년이 지난 지금도 이는 마찬가지다. 드라마 속의 등장인물들이 재현해내는 삶의 서사를 통해 여성들은 자기 안에 갇혀 있던 감정과 고민을 풀어낸다. 영화관에 수천만의 관객이 몰리는 것 역시 현실에서는 불가능한 감정적 발산을 대리 체험하기 위한 목적이 크다.

드라마에 취해 감정을 투사하는 그녀들은 드라마를 보며 울고 웃고 분노하다가 또 사랑받는다. 드라마 보는 아내를, 여성을 탓하지 말아야 하는 진짜 이유다. 그 가짜들 대신 그녀의 감정을 진실하게 옹호하지 못한 남자라면 돌을 던질 자격이 없다.

TV 리모컨만 켜면 우리는 현실에서는 좀처럼 접하기 힘든 여러 이야기를 만날 수 있다. 현대인의 현실적 삶은 박제처럼 견고하고 무미건조하지만 TV 속에 펼쳐지는 대서사는 칭기즈 칸의 대장정처럼 화려하고, 로미오와 줄리엣의 이야기처럼 드라마틱하다. 채널 몇 번만 돌려도 이처럼 우리가 원하는 이야기를 쉽게 만날 수 있다. 인생은 무미건조하지만 드라마는 버라이어티하다. 다만 TV 속의 드라마가 화려해질수록 실제 인생의 드라마는 빈곤해지는 것이 문제다.

"경은 씨, 마지막으로 준영이를 안아주면서 '사랑해'라고 말했던 게 언제인가요?"

이 질문에 경은 씨는 감정을 주체하지 못하고 눈물만 흘렸다. 드라마 주인공들의 수많은 사랑 고백을 들으면서도 정작 가장 가까운 이에게는 사랑한다고 말하지 못했던 것이다. 미움은 작지만 사랑은 크다. 작은 미움에 갇히면 그것이 자신을 집어삼킬 것처럼 커다랗게 보이지만, 실은 개미만큼 작디작다. 미움이 덮쳐올 때 사람을 살리는 건 일상적이고 흔한 사랑일 때가 많다.

"경은 씨에게는 작은 그 사랑이 준영이에게는 인생의 전부일 수도 있거든요."

경은 씨와 가족에게는 새롭고 흥미진진한 진짜 드라마가 필요했다. 헤어진 연인과 가족이 다시 사랑하게 되는 해피엔딩의 드라마.

사람의 인생에서 꼭 필요한 일 가운데 하나를 꼽으라면 나는 단연코 어릴 적 부모와 함께 그림책을 읽는 것이라고 말하고 싶다. 준영이는 안타깝게도 그것을 온전히 누리지 못했다. 나는 조금 늦었지만 엄마가 다시 그 시절을 복원해주면 어떻겠느냐고 조언했다. 그리고 두 사람의 관계 회복에 도움이 될 만한 앤서니 브라운의 《터널》이나 《숲 속으로》, 최숙희의 《엄마가 화났다》 같은 그림책 목록을 적어주었다. 그리고 금요일 저녁마다 가족이 함께 둘러앉아서 〈월-E〉나 〈인사이드 아웃〉 같은 애니메이션을 함께 보라고 말했다.

"아이들이 애니메이션을 보면서 귀찮게 계속 질문을 할 거예요. 그걸 잘 듣고 꼬박꼬박 잘 대답해주셔야만 해요. 부모라면 마땅히 그래야 하죠. 아이는 아직 삶의 이야기를 잘 모르니까요."

우리 인생에서 가장 사랑하는 가족과 보낼 수 있는 시간은 의외로 짧다. 계산해보면 당황스러울 정도로 그 시간이 짧다는 사실을 알게 될 것이다. 여전히 드라마가 내 삶을 대변하고, 내 마음을 후벼 팔 테지만, 그 짧은 시간에 마냥 가짜 드라마에 빠져 지내는 것은 어리석은 일일지 모른다.

결혼하지 않으면
불행해질까?

    불교 신자도 아니고 한 번 만난 적도 없지만 나는 법륜 스님의 오랜 지지자다. 스님의 설법이 담긴 《인생 수업》은 불교에 대한 거부감이 없는 이들에게 자주 권하는 치유서다. 때로 그들과 스님의 강론 영상을 함께 보며 마음의 근심을 풀기도 한다.

    특히 스님의 즉문즉설 동영상 중에서도 〈결혼을 못 했습니다〉 편은 내담자와 자주 보는 영상이다. 그 영상에는 늦도록 장가를 못 간 한 중년 남성이 스님에게 고민을 털어놓는 장면이 나온다. 나이 50살을 먹도록 여태 총각으로 지내는 것이 고민이니 어쩌면 좋을지를 묻는다. 스님은 자신은 60세가 넘었지만 장가 못 간 것이 고민이 안 된다며 그 고민은 고민이 아니라고 답한다. 세상만사 생각하기 나름이니, 결혼하지 못한 것을 부끄러운 일이라 여기지 말고 떳떳이 살라는 당부다.

독신에 대한 스님의 변은 현실적이지 않다. 상담가라면 이렇게 이야기해서는 안 된다. 또 독신이지만 독신을 바라지 않는 사람에게는 나이가 어떻든 짝을 만나기 위해 더 힘을 낼 수 있도록 용기를 북돋아야 한다. 하지만 어떤 의도로 그런 답변을 했는지는 충분히 이해하고도 남을 법했다.

최근 남은 생을 독신으로 살겠다고 결심하는 이들이 많아졌다. 선진국에서 독신은 이미 보편적인 삶의 방식이다. 일본에서는 독신이 오히려 다수의 선택이 되고 있다. 일본의 2, 30대 가운데 혼인 인구는 33퍼센트에 불과하다. 그런데 우리 사회는 여전히 나이가 차도록 결혼하지 않은 사람을 결함이 있는 듯 바라본다. 정부도 독신 가구나 독신자의 증가를 사회문제로 취급한다. 이런 편견이 독신자들을 더 힘들게 한다.

마흔이 훌쩍 넘도록 결혼을 하지 않은 수정 씨도 그랬다. 그녀는 오래 사귄 한 남자와 서른세 살에 헤어진 후 연애를 하지 않았다. 상처가 몹시 컸기 때문이다. 대신 몇 년간 일에 몰두했다. 일에서라도 성공을 거두자는 심산이었다. 우여곡절이 없었던 것은 아니나 지금은 도심 한가운데에 자신의 매장을 갖고 있고 또 성업 중이다. 남들이 부러워하는 여유로운 생활도 하고, 일에서도 남부럽지 않은 위치에 올랐지만, 독신이라는 사실이 그녀를 괴롭혔다. 연로한 부모의 성화를 들을 때마다 고민과 갈등은 더 깊어졌다.

본인도 혼자 사는 처지를 처량하고 못났다고 생각하고 있었다. 작년까지만 해도 애완견 한 마리를 키우며 위안을 받아 위태로운 마음에까지는 이르지 않았다. 그런데 새끼 때부터 키우던 애완견이 사고로 죽으며 패닉이 왔다. 자식처럼 애지중지 돌봤는데, 갑자기 죽으니 마음을 잡기가 힘들었던 것이다. 우울증 약과 수면제를 매일 먹어야만 버틸 수 있을 만큼 기력을 잃었다. 독신이 문제가 아니라, 독신은 못난 삶이라고 믿는 생각이 문제였다.

짝을 이루지 못하면 끝내 인생은 미완성일까? 행복의 계단을 오를 수 없는 것일까? 냉정히 말해, 남녀가 짝을 이뤄 사는 것은 평범한 일이 아니다. 우리는 인생 대부분을 홀로 살고, 앞으로는 더 많이 홀로 살게 될 것이다. 다큐멘터리 〈님아, 그 강을 건너지 마오〉에서처럼 부부가 수십 년을 해로하는 것은 꿈같은 일이다. 길고 다복한 결혼생활은 희망 사항일 뿐이다.

한국인의 평균 수명이 80세에 육박하고 있지만, 결혼한 부부가 함께 사는 기간은 평균 35년 내외다. 그것도 결혼한 사람의 사정일 뿐이다. 우리 대부분은 배우자와 함께 사는 시간보다 혼자 사는 시간이 더 길 수밖에 없다.

불의의 사고나 이혼, 배우자의 죽음으로 결혼생활에 마침표를 찍는 것도 이제 남의 일이 아니다. 이혼에 대한 편견과 벽이 사라지며, 결혼 지속 기간도 줄고 있다. 미래에는 결혼 가능한 인구 절반 이상이 미혼으로 살게 될 것이다. 그러니 결혼이나 가족의 관점으로 인생을 바라보는 시선은 편파적이다.

결혼하지 않은 이들을 못났다고 해서도 안 된다. 미혼자는 인생이 부과한 책임을 회피하고, 개인주의를 택한 것이라 폄하해서도 안 된다. 각자에게 주어진 삶의 과제는 다양하다. 결혼이나 양육 또한 한 가지 선택에 지나지 않는다. 자신의 소명이나 일 때문에, 다른 목표 때문에 결혼을 하지 않았다면 그것 또한 하나의 선택으로 인정해줘야 한다.

스스로를 긍정할 때
찾아오는 행복

소냐 류보머스키 교수는 《행복의 신화》에서 여러 심리학적 연구를 바탕으로, 결혼이 과연 행복의 열쇠인지를 묻는다. 그리고 결혼이 행복을 보장하지 않는다는 결론을 내린다.

예를 들어 결혼한 여성이 하루 동안 매시간을 어떻게 사용하는지 추적한 연구에 따르면, 기혼 여성은 미혼의 또래에 비해 혼자 보내는 시간이 적고 섹스는 더 많이 하지만, 친구들과 만나는 시간이나 독서, TV 시청을 하는 시간은 줄어든다. 그리고 집안일을 하고 요리를 하고 아이들을 돌보는 데 더 많은 시간을 쓴다.

또한 기혼자가 미혼의 또래보다 삶에 더 만족한다고 보고되지만, 이런 차이가 뚜렷하게 드러나는 것은 오직 결혼과 이혼, 결혼생활과 별거생활, 결혼과 사별을 비교할 때뿐이다. 언제나 독신이었던 사람들은 매우 잘 지낸다는 보고도 있다.

신혼부부의 경우 결혼해서 평균 2년 정도 지속되는 행복 증진 효과를 봤지만, 결혼한 지 2년이 지나면서 행복이라는 측면만 봤을 때는 결혼 전의 상태로 돌아갔다. 독신자들은 이런 증진을 경험하지는 못하지만 행복도의 하락 역시 겪지 않는다.

류보머스키 교수는 '좋은 짝을 만나면 행복하다', '사랑하는 사람과 헤어지면 불행하다', '아이가 생기면 행복하다', '짝 없이는 행복할 수 없다' 등등 행복과 결혼, 연애에 관한 우리의 생각 상당수가 틀렸음을 알려준다. 행복은 각자가 노력해 만드는 것이지, 결혼이나 독신 같은 선택으로 이룰 수 있는 일이 아니다. 결혼을 한다고 행복한 것도 아니고, 독신으로 산다고 해서 불행한 것도 아니다.

의료제도를 혁신적으로 바꾸고 간호사업을 정립하는 데 선구적인 업적을 남긴 나이팅게일 역시 독신을 택했다. 그녀가 독신을 택한 이유는 순전히 소명의식 때문이었다. 나이팅게일에게도 결혼할 기회가 있었다. 하지만 그녀는 봉사활동에 대한 열망이 더 컸다. 고민 끝에 그녀는 평생 결혼을 하지 않기로 결심했다.

생을 마감할 때까지 나이팅게일은 간호사의 길을 선택한 것을 단

한 번도 후회하지 않았다. 다른 여성에게도 값진 충고를 해주었다.

"남자가 하는 일이니까 무조건 여자도 해야 한다고 주장하면서 '여성의 권익'을 들먹이는 상투어를 믿지 말고, 남자가 하는 일이니까 여자는 절대로 해서는 안 된다고 주장하는 상투어도 믿지 마라."

죽는 날까지 잠시도 활동을 멈추지 않았던 그녀는 낡은 이념과 인습을 모두 혐오했다. 인습에 도전하다가 가족과 불화를 겪기도 했지만, 아흔 살에 눈을 감기까지 그녀가 이루어놓은 업적은 그야 말로 엄청난 것이었다.

나이팅게일처럼 대단한 일을 하지 않더라도 독신은 얼마든지 훌륭한 선택일 수 있다. 수정 씨와 나는 일에 대한 자부심에 관해 많은 이야기를 나누었다. 자신이 골라준 옷을 입고 밝은 표정을 짓는 사람들을 보며 수정 씨는 다시 자부심을 느낄 수 있게 되었다. 결국 자기 삶을, 독신의 상태를 긍정하는 마음을 갖게 되었다. 그리고 다시 예쁜 강아지 한 마리를 분양받아 키우기 시작했다. 또한 내 조언대로 한 노인 봉사단체에 가입해 한 달에 두세 번 봉사활동을 했다.

몇 달 만에 찾아온 수정 씨는 강아지를 안고 함빡 웃으며 이제는 자신의 삶을 긍정할 수 있게 되었노라 말했다. 결혼은 인생의 정답이 아니다. 결혼을 하든 안 하든, 스스로를 긍정한다면 우리는 얼마든지 행복에 도달할 수 있다.

인생은 타인과의
경쟁이 아니다

선희 씨는 9급 공무원 시험을 앞두고 있었다. 나이 마흔, 마지막이라는 생각에 열심히 매달렸다. 그런데 그만 시험을 며칠 앞두고 쓰러져버렸다. 정신을 차리고 난 후에도 계속 극심한 불안에 시달렸다. 공황장애 같다는 주변의 말을 듣고는 점점 더 겁이 나서 전에 내 책을 읽었던 기억을 더듬어 나를 찾아왔다.

"발작이 왔을 때가 언제죠?"

"두 달 전이었어요. 전날까지만 해도 아무렇지 않게 운전했는데, 갑자기 숨을 쉴 수가 없더라고요."

선희 씨는 당시를 떠올리는 것이 두려운지 머뭇거리더니 기억을 더듬어 상황을 설명했다. 아이 때문에 어쩔 수 없이 운전을 배우긴 했지만, 예전부터 운전에 대해 걱정과 불안이 많았노라고. 하지만 운전하는 데는 별문제가 없었다. 그런데 최근 아침마다 TV에서 방송하는 자동차 사고 영상을 보면서, 사고라는 것이 내가 조심한다고 일어나지 않는 것도 아니구나 싶어 불안감이 더 커졌다고 했다.

그녀의 경우처럼 공황발작은 불청객처럼 찾아들 때가 많다. 아주 일상적인 상황에서 발작이 오고, 공포, 숨 막힘, 심한 가슴 통증이 동반되기 때문에 트라우마로 기억될 가능성이 높다.

나도 공황발작을 경험한 적이 있다. 이등병 시절, 어느 날 갑자기 숨쉬기가 힘들었다. 둔하다며 선임병에게 심하게 구타를 당하고 난 며칠 뒤였다. 연병장에서 훈련을 받다가 나는 가슴을 쥐어뜯었다. 당시 나는 군생활이 몹시 고통스러웠으며, 이 고통의 시간이 끝나지 않을 것 같다는 절망과 두려움에서 헤어나오지 못했다.

쌓이는 두려움은 공황발작의 배후다. 응급차에 실려 국군병원에 실려 간 나를 진료한 군의관은 정신과 의사가 아니었다. 그는 퉁명스런 목소리로 "너의 호흡기에는 아무 문제가 없어"라는 말만 툭 내뱉었다. 단 몇 주라도 병원에 입원해 고통을 피할 수 있겠구나 위안하던 차에 다시 한 번 절망할 수밖에 없었다. 호송차를 타고 군대로 돌아오며 또 한 번 숨쉬기가 힘들어졌다. 내 허파나 호흡기, 심장에는 문제가 없었다. 심리적인 문제였기 때문이다.

반복적이고 빈번한 공황발작을 경험하는 공황장애는 심한 불안장애의 일종이다. 불안 심리는 계단을 내려가듯 깊어지는 경향이 있다. 가벼운 불안감이 불안장애가 되고, 어느새 공황장애로까지 전이된다. 불안을 다스리지 못할 때 우리는 불안에 감금된다. 그리고 이는 현대인 누구에게나 일어날 수 있는 일이다.

성격심리학적으로 볼 때 다섯 명 중 한 명은 위험회피 성향이 높은 불안 기질을 갖고 세상에 태어난다. 기아에 시달리고 맹수와 적들에게 쫓기던 시절을 보낸 인류의 유전자에는 불안 기제가 선명히 새겨져 있다. 불안이라는 감정은 인류의 보편적 특질로 자리 잡았다. 정도의 차이가 있을 뿐 우리는 누구나 불안한 존재다.

선희 씨는 그중에서도 더 민감하고, 불안하고, 까다로운 성미의 소유자였다. 그녀는 교육열이 대단히 높은 부모 밑에서 자랐다. 아버지는 교사였고, 어머니는 아버지 때문에라도 선희 씨의 성적에 늘 전전긍긍했다.

"아빠가 선생님인데, 점수가 이 모양이면 어떡하니?"

성적 때문에 어머니에게 회초리를 맞던 일을 선희 씨는 여전히 아프게 기억했다. 서울 소재의 사립대에 입학했지만, 부모 눈에는 결코 차지 않는 결과였다. 몇 가지 불운이 겹치며 몇 년간 부모와의 불화도 심해졌다.

그녀는 고시를 준비하며 그 공부의 양에 압도되어 제대로 해보지도 못했다고 변명했다. 시험의 동기 역시 부모의 기대를 충족시키려던 마음이 컸기 때문이다. 그리고 한참 동안 공무원 시험공부를 했다. 더 이상 빠져나갈 데가 없었기 때문에 몇 년간 혼신을 다했

다. 5급에서 7급으로, 7급에서 9급으로 계속 눈을 낮췄지만 끝내 합격할 수는 없었다. 이럴 바엔 시집이나 가자는 생각이 들어 부리나케 선을 봐 지금의 남편과 결혼한 것이다. 안타깝게도 자신의 결혼을 한편으로는 도피 행위라고 여기고 있었다.

두 아이를 낳아 기르며 몇 년 동안은 지긋지긋한 시험과는 거리가 먼 삶을 살았다. 그때가 선희 씨의 인생에서 가장 편하고 행복한 나날이었다. 그런데 아이들이 초등학교와 유치원에 다니기 시작하면서 차츰 준비하다 만 공무원 시험에 대한 열망이 피어올랐다. 그러다 다시금 9급 시험을 준비하게 된 것이다. 공부를 하는 내내 이번만은 절대 낙방해서는 안 된다는 강박관념이 떠나지 않았다. 공황발작이 있기 직전 그녀의 불안은 하늘을 찌를 정도였다.

세상 어느 곳보다도 대한민국은 시험을 강요하는 사회다. 등수를 내고, 순위를 정하고, 점수를 매기고, 합격과 불합격을 가리고, 승자를 정하기 위해 끊임없이 시험을 치며 산다. '입시 지옥'이라는 말은 이미 1961년에 발행된 신문에서부터 등장했다. 한국인은 좋든 싫든 시험이라는 유황불이 타오르는 입시 지옥을 버텨왔다. 입시 지옥을 거쳐온 한국인에게 시험은, 또 시험 결과는 항상 공포심을 유발한다.

나 역시 심한 시험 공포를 견뎌야 했다. 대학입시 합격자 발표를 보러 가던 날, 내 이름이 없는 게시판을 본 후 느낀 절망과 허망함은 말로 표현할 수 없을 정도였다. 그 후 몇 달 동안 대입고사를 보던 장면이 계속 떠올랐고, 심한 시험 공포에 시달렸다.

집에서 혼자 모의고사를 치를 때조차 떨리는 마음을 가눌 수 없었다. 선희 씨 만큼은 아니지만, 너무 떨려 연필을 제대로 쥘 수 없는 지경이었다. 깜깜하고 막막했던 나로서는 계속 시험에 도전하는 것 외에는 도리가 없었다. 이렇게 떨면서 다시 대입을 쳤다가는 또 낙방하고 말 것이라는 위기감에 매일 모의고사를 치며 정면승부를 걸었다. 한두 달 계속했던 모의고사 연습은 효과가 있었다. 거의 매일, 50번쯤 모의고사를 치고 나니, 떨리는 마음도 눈에 띄게 가라앉았다.

실제 심리치료 기법 가운데 불안장애에 가장 효과가 있는 것도 이 체계적 둔감화다. 불안을 느끼는 대상이나 일에 지속적으로, 또 단계적으로 접근해감으로써 두려움을 완화시키는 방법이다. 그러나 선희 씨는 실전 대비 모의고사를 절대 치지 않았다. 오랜 시험 이력 탓에 그녀는 시험 치르는 것을 극도로 기피했다. 어쩔 수 없이 시험을 쳐야 하는 상황이라면 모를까, 꼭 칠 필요 없는 시험은 무조건 피하고 봤다.

운동을 좋아하고 달리기도 잘하는 그녀였지만, 딸아이 운동회 때 학부모 달리기에 참가하지 않으려고 화장실로 도망친 적도 있다고 했다. 시험에 둔감해지려는 시도도 않은 채, 그녀는 시험을 생각하며 오직 두려움과 걱정에 떨기만 했다.

결승점에 함께
들어가는 용기

　　　　　　　　　그 숱한 시험 가운데 한 번이
라도 붙었다면 그녀는 행복해졌을까?

대답은 'No'이다. 심리학자 알피 콘은 그의 책《경쟁에 반대한다》
에서 왜 경쟁이 우리 전부에게 문제가 되는지 다각도로 검토하고
있다. 그는 경쟁적 교육, 경쟁 방식의 심각한 폐단으로 경쟁 참가자
들의 자존감 하락을 꼽았다. 오랜 경쟁에 노출된 사람들은 경쟁이
주는 치명적 긴장감으로 인해 '실신'하고 만다. 이겨야 하고, 성공
해야 하고, 시험에 합격해야 하는 상황이 거듭 반복되면 필연적으
로 우울해지고 불안해진다.

최근 청년들의 무기력감을 질책하는 사람들을 만날 때마다 나는
우리 사회가 아주 어릴 때부터 그들에게 가한 경쟁구도의 사슬 때
문이라고 대변한다. 한국 사회는 인정하고 싶지 않지만 구성원의
자존감을 떨어뜨리고 우울감과 무기력감을 느끼게 하는 지옥 같은
곳이 되었다.

시험에 합격하면 더 행복해지리라는 생각은 환상일 뿐이다. 경쟁
과 경쟁을 통한 성공, 시험에서의 합격은 절대 행복의 범주에서 논
의될 사안이 아니다. 그것은 그냥 이 사회가 좋아하는 줄 세우기 습
성일 뿐 누구에게도 좋은 삶을 줄 수 없기 때문이다.

바보 같은 대책이지만, 피할 수 있다면 시험을 피하며 사는 것이

상책이다. 세상이 끊임없이 시험을 강요하더라도, 자신을 시험에 들게 하지 않는 책략과 지혜가 필요하다.

한 재기발랄한 동화 작가가 이솝 우화를 멋들어지게 패러디한 글을 읽은 적이 있다. 토끼와 거북이가 경주를 하는데, 원작과 달리 토끼는 잠을 자지도 않고 열심히 뛰어 거북이를 계속 앞질렀다. 그런데 토끼 앞에 돌연 강이 나타난다. 물을 싫어할 뿐 아니라 헤엄도 칠 줄 모르는 토끼로서는 난감하기 짝이 없는 일이다. 그런데 뒤따라 온 거북이가 자신이 강물 건너는 것을 도와주겠다고 한다. 거북이 덕분에 토끼는 무사히 강을 건널 수 있었다. 그런데 토끼 역시 뭍에 내려서는 냉큼 달리지 않고 거북이를 업어 결승점까지 뛰어간다. 둘은 결국 결승선에 함께 들어섰고, 지켜보던 다른 동물들도 함께 춤추고 기뻐하며 이야기는 끝난다. 행복은 경쟁이 아니라 사랑과 희생에서 찾아야 한다는 교훈을 담은 동화다.

나에게도 이런 경험이 있다. 아주 오래전 버스를 타고 집에 돌아오다가 노트북을 잃어버렸다. 어디에 정신을 팔고 있었는지 집에 와 보니 노트북 가방이 감쪽같이 사라지고 없었다. 정신을 잃고 종종대며 가방을 찾아 헤맸다. 노트북은 논문을 쓰기 위해 형에게 빌린 것이었고, 무엇보다 노트북과 함께 몇 달을 고생해서 써놓은 학위논문 초고도 함께 잃어버린 터라 눈앞이 캄캄했다. 딱하게도 노트북 가방에 백업한 플로피디스크까지 함께 넣어둔 상황이었다. 온 길을 되돌아가 버스 회사며, 길바닥이며 학교 벤치며 샅샅이 뒤졌다. 하지만 노트북은 어디에도 없었다. 너무도 황망하고 답답해 눈물조차 나지 않았다.

당시 학내 사태에 연루되며 나는 그 학기에 석사논문을 쓰지 않으면 영영 논문을 쓸 수 없을지도 모르는 처지였다. 논문을 써서 학위라도 받고 나가는 것이 그나마 유일한 희망이자, 등진 교수들에게 기대할 수 있는 마지막 선처였다. 뜬눈으로 밤을 지새우다 유실물 센터나 경찰에라도 신고를 해야겠다고 작정하고 겨우 마음을 추슬렀다. 그러던 중 아침 일찍 휴대전화 벨이 울렸다. 모르는 사람의 전화였다.

"박민근 씬가요? 노트북 잃어버리셨죠?"

그는 집으로 오던 버스에서 내 옆자리에 앉아 있던 대학생이었다. 내가 버스에서 내리고 얼마쯤 지나 노트북을 두고 내린 것을 알았고, 그 후 내가 내린 정류장까지 되돌아와 나를 찾았지만 결국 찾을 수 없었다고 했다. 집으로 돌아가 노트북을 켜 보니 학위논문이 눈에 띄었고, 논문에 적힌 내 이름을 발견하고 아침 일찍 과사무실로 전화를 걸어 내 전화번호를 알아냈다는 것이다.

그는 아침 일찍 노트북을 건네주겠다며, 심지어 내가 내렸던 모래내시장 정류장에서 보자고 말했다. 내가 그의 집까지 직접 찾아가겠노라고 했지만 집이 멀다며 한사코 만류했다. 자신 역시 학교에 가는 길이니, 잠시 버스에서 내려 노트북을 전해주면 될 것이라고 했다.

나는 그를 만났고, 노트북 가방도 건네받았다. 천만다행이었다. 그를 만나기 전 사례금으로 15만 원을 뽑아 봉투에 넣어두었다. 가난했던 내게는 적지 않은 돈이었다. 너무도 고맙고 다행스러운 일이라 그에게 꼭 성의를 표하고 싶었다. 하지만 그는 그것 역시 한사코 거절했다. 사례금을 받자고 한 일이 아니라며, 자신도 전에 그런 일을 겪어봐서 얼마나 그 마음이 쓰라린지 잘 알고 있다고도 했다.

"그때도 한 여대생이 이렇게 제 노트북을 찾아주었거든요."

선행이 선행을 낳은 것이었다. 그 후 나 역시 여러 차례 그 보답이 될 만한 일을 했다. 모르는 사람들에게 은혜를 갚기 위해 노력했다. 굳이 발품을 팔아 휴대전화를 찾아준 적도 여러 번 있었고, 무척 중요한 서류가 든 가방을 찾아준 적도 있다. 그 청년의 선행이 이런 행동을 하는 데 적잖은 힘이 되었다.

서로가 서로를 경쟁 상대로만 인식하며 살아가는 세상은 얼마나 무의미한 것인지. 우리는 나 하나 잘 먹고 잘사는 부질없는 일에 생을 헌납하기보다는, 타인과 사회를 위한 이타적인 삶의 방식과 존엄한 생을 간구하며 살아야 한다. 그럴 때 나도 잘 살 수 있고 세상도 더 살 만한 곳이 되는 것이다.

어떤 경우에도
미루지 말아야 할 위로

하나 씨에게는 위로해줄 사람이 없었다. 남편과 불화를 겪으며 그에게서 좋은 이야기를 들을 일은 완전히 사라졌고, 딸을 살가워하던 부모님도 모두 돌아가셨다. 아이들은 아직 엄마의 슬프고 고단한 마음을 헤아려줄 나이가 아니었다.

"어떤 땐 세상에 저 혼자뿐인 것 같아요."

오빠가 하나 있지만 정다운 대화가 오가는 사이는 아니었다. 가끔 전화를 걸어 고작 "잘 살지?" 하고 묻는 게 다였다. 그래도 오빠에게서 전화가 걸려오면 눈시울이 붉어지고, 감정이 북받쳤다. 오빠에게 어쩌다가 남편과 갈라설 생각이라는 말을 내뱉고 난 후, 오빠는 동생이 혹 이혼녀라도 될까 싶어 노심초사했다. 하지만 끝내 돌아오는 대답이라곤 "여자가 잘해야 남자도 잘하는 거야" 같은 아무 도움 되지 않는 말뿐이었다. 가끔은 이제 초등학교 3학년 된 큰딸을 안고서 펑펑 울기도 했다.

똑순이처럼 무슨 일이든 척척 잘하던 막내딸, 하나 씨는 부모에게 늘 든든한 존재였다. 아버지, 어머니는 두 해 간격으로 돌아가실 때까지 막내딸에게 많이 의지했다. 경제력이 없던 부모를 봉양하기 위해 힘든 아르바이트도 마다하지 않았다.

첫 상담에서 들은 남편과의 불화 이유는 평범했다. 늘 친정 식구를 챙기느라 바쁜 아내가 남편 진현 씨는 불만이었다고 한다. 100퍼센트 진실은 아니지만, 진화심리학에 따르면 양육 욕구가 강한 남성일수록 자신의 자산이 밖으로 새는 것을 끔찍이 싫어한다. 그는 가족 부양에 있어 남다른 책임감을 느끼는 사람이었다. 진현 씨는 결혼한 여자가 계속 친정 식구들에게 제비처럼 무언가를 물어 나르는 것을 도저히 이해할 수 없다고 했다.

어쨌든 하나 씨는 아이 돌보는 것까지 소홀히 하며 친정 부모 생활비, 병원비를 대기 위해 아르바이트를 했고, 남편 진현 씨는 그럴 바엔 자신과 왜 결혼했냐고 따질 때가 많았다. 그런데 하나 씨의 부모님이 모두 죽고 이제 더 이상 아르바이트도 하지 않아 정작 싸울 일이 사라졌는데, 두 사람의 갈등은 더욱더 심해져만 갔다. 진현 씨는 늘 화가 나 있었고, 하나 씨는 외롭고 공허했다.

"부모님은 내버려둘 수가 없고 남편이란 작자는 거기에 돈 쓰는

걸 죽어라 싫어하니, 제가 나가서 돈 벌 수밖에 없었죠. 그런데 자기가 원하는 대로 해줬는데 이제는 나가서 돈 버느라고 집안일은 거들떠보지 않는다고 성화를 부리는 거예요."

"하지만 그때 남편과 좀 더 대화를 나누고 조율을 하셨어야 했어요."

"전 어쩌라고요. 저도 죽겠어요. 다 저만 어떻게 하라고들 해요."

결론부터 말하면 하나 씨 부부는 갈등의 골을 좁히지 못한 채 이혼했다. 상담 초기 가트맨 박사의 《부부 감정 치유》에 나오는 결별과 재결합 중 어떤 선택을 해야 하는지를 묻는 테스트에서도 둘은 이혼하는 것이 더 나은 것으로 나왔다. 두 사람은 함께 상담실에 들어오는 것조차 꺼렸다. 나를 찾아왔을 때는 이미 서로에 대한 원망과 불신이 한계를 넘은 상황이었다.

남편에 대한 하나 씨의 불신도 문제였지만, 아내와 세상에 대한 남편 진현 씨의 미움과 원망이 더 큰 문제였다. 여러 검사에서 나타난 진현 씨의 미움은 성격적인 것, 본성적인 것이기도 했다.

그가 비난하는 대상은 하나 씨의 친정 식구에만 한정되지 않았다. 무능한 장인, 장모, 처남뿐만 아니라, 사회, 정치, 심지어 나라 경제까지 그는 거친 비난을 좀처럼 멈추지 않았다. 결국 그 비난은 자주 두 딸에게로 향했고, 아직 어린 딸들을 심하게 몰아세울 때가 많았다. 하나 씨는 자신은 상관없지만 아이들 보는 앞에서 욕설과 험한 말을 쏟아내는 남편의 말버릇 때문에 미칠 것 같다고 했다.

"그래도 하나 씨가 애처로워 보일 때도 있지 않던가요?"

"남편이 돈 벌어다주는데, 바보 같은 게 자기가 고생을 사서 하는 거죠."

그의 마음은 좀처럼 변할 기미가 보이지 않았다. 몇 번 아내의 설득으로 상담에 나타났던 진현 씨는 얼마 지나지 않아 더 이상 오지 않았다. 어쨌든 기회가 있을 때마다 나는 상담가가 아니라 열 살 많은 선배 입장에서 그에게 세상에 그렇게까지 비난받을 사람은 존재하지 않는다고 충고했었다.

세상의 잘못을 탓하는 사람이 많다. 나에게도 세상의 잘못된 부분들이 많이 보이고 자주 느껴진다. 하지만 비판의 말만은 아끼려고 노력한다. 내 타고난 성미가 그렇기 때문이거나, 나의 정체성이 잘못을 꾸짖기보다는 용서를 말하는 상담가의 처지이기 때문만은 아니다.

비판을 하다 보면 인간은 누구나 불만이라는 감정에 사로잡힌다. 우리는 늘 비판과 비난, 불평과 불만을 구분하려 노력하지만, 부족한 인간이기에 그러기가 쉽지만은 않다. 이는 내가 구태여 앞다투어 세상의 잘못을 탓하려고 하지 않는 이유이기도 하다.

실제로 나는 상담을 하며 뉴스나 부정적인 사건을 다룬 르포, 다큐멘터리를 많이 보지 말라고 조언한다. 꼭 알아야 한다면 영상보다는 신문기사로 나온 글을 읽고 냉정하게 받아들이라 권한다. 누구든 긴 호흡으로 마음훈련을 거듭하면 비판과 불만이 명확히 구분되는 경지에 이를 수 있지만, 이는 쉬운 일이 아니다. 비판과 비난을 쏟아놓다 보면 어느새 기분이 상하는 것이, 부정적인 감정이 차오르는 것이 우리의 심사인 까닭이다.

우리 뇌는 미움과 불안에 취약하다. 아직 덜 진화된 우리 뇌는 긍정적인 신호보다는 부정적인 신호에 민감하게 반응한다. 그래서 우리는 미담을 외우기보다는 욕설을 훨씬 쉽게 배운다. 어른이 된 후에도 그 성질은 쉬이 버릴 수 없어서, 잔인한 사건을 다루는 무시무시한 르포 프로그램에는 눈이 가지만, 미담과 인간의 존엄을 다루는 영상에는 딱히 마음이 가지 않을 때가 많다. 이런 나의 한계를 깨달아야 한다.

게다가 심리적으로 미숙할 때는 세상을 긍정하는 말보다는 비판과 비난을 쏟아내는 사람의 말에 솔깃해진다. 자신이 탓하고픈 말을 대신해주어 시원할 것이고 그 말을 통해 내면에 갇혀 있던 미움을 표현할 수 있기 때문이다.

그러나 정당한 비판이라고 해도 늘 입에 달고 살거나, 계속 적개심이나 불평불만을 쏟아내는 일은 남은 물론 자신에게도 해롭다. 우리 뇌는 미워할수록 더 미워하고, 슬퍼할수록 더 슬퍼하도록 설계되어 있다. 투철한 이성의 관장 아래 슬픔과 기쁨, 미움과 용서를 적절히 조화시키지 못할 때 우리는 슬픔의 노예, 미움의 화신으로 변하기 쉽다. 이는 비판을 위한 비판이라고밖에 할 수 없을 것이다.

최근 '힐링' 무용론, 혹은 해악론을 외치는 사람도 많다. 그들은 세상의 구조적인 병폐를 해결하지 않고 일시적 위안만을 제공하는 힐링 문화가 더 많은 문제를 낳을 뿐이라고 주장한다.

나는 이런 이분법이 무척 두렵다. 도대체 따뜻하게 타인을 위로하는 것이 문제라니! 아마도 그들은 따뜻함을 느껴본 적이 거의 없거나 불만으로 가득 찬 성장기를 보냈을 것이다. 매일 엄한 아버지의 잔소리와 매질에 시달리며 사람을 사랑하는 법을 제대로 배우지 못했을지도 모른다.

지나치게 엄한 부모는 자식을 망친다. 좋은 부모는 자식의 잘못을 꾸짖기도 하지만 때로는 한없이 자상하게 품을 줄도 알아야 한다. 또 다 큰 어른에게도 사랑과 위로는 언제나 필요하다. 우리 사회는 '채찍질만 할 뿐, 도무지 위로할 줄 모르는' 사회라고 정의해도 지나치지 않다. 지금의 한국인에게 가장 필요한 것은, 바로 가장 빠르게 사라져가는 가치이기도 한 이웃에 대한 진심 어린 위안과 격려다.

사람을 살리는
따뜻한 말 한마디

심리학자 조지 베일런트는
'인간은 정교한 사회적 결속에 의해 생존해왔다'고 말했다. 그리고

'무조건적인 애착, 용서, 감사, 다정한 시선 마주치기가 그 특징'이라고 설명한다. 만약 부모가 자녀를 따뜻하게 품지 않았다면, 스승이 제자를 긍휼히 여기지 않았다면, 어른들이 청년들을 다독거리지 않았다면 우리 인류는 이렇게까지 번영하고 존속하지 못했을 것이다.

위로받지 못한 사람, 마음이 무너진 사람들은 실질적 어려움을 겪는다. 수많은 연구가 이를 보여준다. 정신적으로 상처 입은 사람은 실행능력이 떨어진다. 희망이나 낙관성이 부족한 사람들은 자기 일을 잘하기 어렵고, 일에서 좋은 결과를 내지 못한다. 또 우울하고 불안하면 합리적 판단을 하지 못하고 새로운 일에도 도전하지 못한다. 심지어 비관적인 사람은 낙관적인 사람보다 더 많은 질병에 노출되고 빨리 죽기도 한다.

만약 힐링이 정말 문제라면 그건 세상에 범람하는 온갖 가짜 힐링 때문일 것이다. 우리의 아픈 마음을 제대로 회복시키는 것과는 거리가 먼 자기계발이나 심리 서적이 대중을 현혹하고 잘못된 방법과 길을 제시한다. 실제로 시중에 나도는 힐링 서적 가운데, 아무 도움도 되지 않는 감언이나 속임수로 사람들을 미혹하는 가짜도 많다.

중요한 것은 가까이 있는 이들, 조금이라도 안면이 있는 서로가 조금 더 배려와 용서의 마음으로 서로를 대하고, 혹 그들이 아프고 힘들어한다면 두 팔을 벌려 힘껏 안아주는 것이다.

나는 이혼을 결심한 하나 씨에게 영국에서 이루어진 대규모 이혼 연구의 결론을 들려주었다. 결혼한 사람과 이혼한 사람 사이에는 행복도의 차이가 없었다. 우리는 만약 자신에게 장애가 생기면 무척 고통스럽고 불행할 거라고 예상하지만, 실제로 보통 사람과 사고 등으로 장애를 입고 꽤 오랜 시간을 보낸 사람 간의 행복도와 삶의 만족도를 비교해보면 큰 차이가 나타나지 않는다는 사실도.

사고로 장애를 입었지만, 일반인보다 더 높은 행복도를 보이는 사람들이 많다는 사실은 행복이란 우리가 생각하는 상식의 조건으로 만들어지는 단순한 것이 아님을 알려준다. 또 행복은 단지 주어지는 것이 아니라 각자가 스스로 쌓아가는 일이라는 진실도.

하지만 이런 연구 결과나 판단이 그녀의 우울증을 호전시킨 주된 요소는 아니었다. 나는 매번 상담 때마다 "괜찮아요, 잘될 거예요" 하는 말을 건넸고, 그녀는 그 따뜻한 위로가 늘 감사하다고 했다. 그녀에게 정말 도움이 되었던 건 대단치 않은 몇 마디 위로의 말이었다.

하나 씨를 상담하면서 세상의 메마름을 다시금 실감했다. 그녀는 주변에 이런 이야기를 해주는 사람이 단 한 명도 없다고 했다. 아픈 어머니가 돌아가시기 3년 전 병실에서 "아이구, 내 새끼 힘들어서 어쩌누?" 해줬던 말 이후로는 처음이었다고 했다.

상담 때마다 "많이 힘들죠?" 하는 별것 아닌 내 말에 매번 눈물을 멈추지 못했던 데는 다 이유가 있었던 것이다.

만약 당신이 지치고 힘들 때, "괜찮아", "잘될 거야", "많이 힘들었지?" 하며 관심 갖고 위로하는 존재가 주변에 단 한 명도 없다면 과연 어떻겠는가? 아마 당신의 마음은 곧 위태로워질 것이고, 삶의 의미를 잃을지 모른다. 그것이 우리에게 따뜻한 말 한마디를 건네는 가족과 친구, 이웃이 꼭 필요한 이유다.

행복을 포기하지 않고
살아가는 법

자신에게는 행복한 날이 없었다고 말하는 사람들을 가끔 만난다. 그들은 파랑새는 항상 자기 안에 있다는 진실을 믿지 못한다. 형빈 씨 역시 그랬다.

그는 어릴 적 아버지에게 자주 맞았다. 자신이 대신 맞으면 엄마나 동생은 폭행을 피할 수 있었기 때문이다. 늘 그런 식이었다. 친구들의 숙제를 대신해주고, 동료가 싫다는 일을 도맡아 하고, 뭐든 힘들다고 말하는 사람이 있으면 기꺼이 그 일을 대신해주었다.

남 일까지 대신하며 자기 일을 잘하기란 참으로 버거운 법이다. 그래서 그는 더욱 가혹할 정도로 열심히 살 수밖에 없었다. 술을 먹고 난동을 부리는 아버지 때문에 제일 그랬겠지만, 가여운 엄마를 위해서 코피를 쏟으며 밤을 새워 공부했다. 그 아버지에 그 자식이라는 말을 듣기가 죽도록 싫었다. 덕분에 명문대에 진학한 형빈 씨는 불행에서 차츰 멀어지는 듯했다.

20대 중반 즈음, 형빈 씨에게도 감당할 수 없을 만큼의 행복이 찾아왔다. 힘겨웠던 20대 초에는 연애마저도 멀리하며 살았다. 아주 짧은 한 번의 연애를 했을 따름이다. 그런 그에게 처음으로 인생의 봄날이 찾아온 것이다.

형빈 씨가 아직도 간직하고 있는 사진 속 그녀는 선한 눈매의 사람이었다. 형빈 씨에게 그녀는 너무나도 아름다웠다. 천사 같은 여자라고 했다. 그녀 곁에 있으면 마냥 행복했다. 그들은 4학년 때 취업 스터디 선후배로 만나 지내며 점점 가까워지기 시작했다.

하지만 이 행복은 짝사랑에 그치고 말았다. 가족까지 책임져야 했던 형빈 씨의 졸업이 계속 늦어지며 그녀와도 멀어졌기 때문이다. 휴학과 복학을 반복하다가 서른에 가까워서야 졸업장을 손에 쥐었다.

그녀와 함께 밥을 먹고 영화를 본 기억은 그의 인생에서 가장 행복한 경험이었다. 부족한 것은 다만 조금의 용기였다. 그녀와 가장 친한 남자였지만, 끝내 그녀의 애인이 되지는 못했다. 결국 자신도 잘 아는 한 후배에게 그녀의 애인 자리를 빼앗겼다. 그렇게 몇 년이 지났고, 바보처럼 얼마 전 그녀와 그 후배의 결혼식에 다녀왔다. 그가 우울증 상담을 받기 위해 찾아온 것도 그 즈음이었다.

"정말 다른 사람과는 결혼하고 싶지 않아요. 하지만 어쩔 수 없네요. 최선을 다했지만 결국 불행은 늘 제 몫이니까요."

그는 당시 죽고 싶다는 생각까지 할 만큼 고통스러워했다. 여전히 해결될 기미가 없는 어머니와 아버지의 이혼 문제도 컸다. 그의 부모는 떨어져 산 지 꽤 됐지만 아직 이혼하지 못한 상태였다. 여동생의 심한 우울증 역시 항상 맥 빠지게 하는 일이었다. 동생은 스물일곱 살이 되도록 대학을 졸업하지 못한 채 집에만 틀어박혀 지냈다.

그를 만날 즈음 내가 자주 듣던 가요가 하나 있었다. 아내가 좋아해서 따라 좋아하게 된 가수 성시경이 부른 〈세 사람〉이었다. 뮤직비디오의 내용과 너무나 흡사한 사연의 내담자를 만나서 나 역시 적잖이 놀랐다. 서른 즈음의 남자 내담자가 드문데, 더구나 그런 사연을 가진 분을 만난 것이 신기하고 참 뜻밖이었다.

〈세 사람〉은 사랑하는 사람을 친구에게 뺏기고 속으로 눈물을 흘려야 하는 한 남자의 이야기가 담긴 노래다. 노래 내용과 뮤직비디오는 형빈 씨가 내게 들려준 경험과 무척이나 닮았다. 너무 아파할 것이 당연했으니 한동안 나는 이 노래 이야기를 입 밖에 내지 않았다. TV를 거의 보지 않고, 음악 감상과는 거리가 먼 삶을 살아온 그는 성시경이라는 가수도 잘 몰랐다.

상담을 하며 상처를 조금씩 치유해가기 시작한 지 몇 달이 지난 어느 날 "우리 노래 하나 들어요" 하며 형빈 씨와 〈세 사람〉의 뮤직비디오를 컴퓨터에서 재생해 함께 보았다. 대학 시절 사랑했던 사람에게 조금의 용기도 낼 수 없었던 한 남자의 이야기가 안타까운 장면들과 함께 슬픈 가사를 채우고 있었다.

"그때 고백을 했었어야 했어요."

작고 울먹이는 목소리로 형빈 씨가 속삭였다. 그는 자신이 용기를 낼 수 없었던 이유가 모두 자신의 열악하고 힘겨웠던 삶에서 비롯된 것이라는 생각을 하고 있었다. 자신이 조금만 자신감 있는 사람으로 살았더라면, 그런 환경에서 살 수 있었다면, 그 기회를 놓치지 않았을 거라고 했다.

"그렇지 않아요. 살아보세요, 조금 더. 인생에서 자신이 마음대로 할 수 있는 부분이란 참 작아요. 문제는 '자신이 어쩔 수 없는 부분을 어떻게 생각하느냐'예요."

우리는 운명과 사랑, 행복에 관한 이야기를 무척 많이 나누었다. 인생에 행복을 가져다주는 중요한 일들 가운데는 항상 사랑이 있다. 사랑하는 사람을 만나고, 또 결혼해 사는 일은 평범한 사람 모두에게 지극한 행복으로 다가온다.

운명을 거부하지 않을 때
얻을 수 있는 것들

사람들이 갈망하는 돈이나 명예, 지위도 사랑이나 행복한 결혼생활에 비하면 아무것도 아닐

수 있다. 행복에 관한 수십 년간의 종단 연구(한 사람의 인생을 수년 내지 수십 년간 추적 관찰하며 진행하는 연구)를 마감하며, 조지 베일런트 역시 행복한 결혼생활은 인간적인 행복에 이르는 가장 중요한 요인이자 열쇠라는 결론을 내렸다.

하지만 사랑에 메마르고, 사랑을 얻기 어려우며, 사랑을 주기 싫어하는 현대인들의 세상에서 이는 지극히 어려운 일이다. 사랑하는 사람과 오래 그 관계를 유지하기가, 결실을 맺기가 힘든 것이다. 게다가 사랑은 본질적으로 언제나 수많은 엇갈림과 운명의 장난 앞에 놓인 작은 촛불과도 같다. 따라서 사랑에 관해 우리가 견지해야 할 유일한 태도가 있다면 운명을 거부하지 않는 자세일 것이다.

지금은 작고한, 유럽인들이 가장 사랑하는 스승이자 사랑에 대한 지혜로운 가르침을 전한 사상가 크리스티안 생제르는 사랑과 결혼에 대해 우리가 취해야 할 태도를 이렇게 아름답게 표현하고 있다.

선택권을 가진다는 환상은 우스꽝스럽다.

무수히 날아온 꽃가루들 중에 마침 거기 떨어진 하나만 열매를 맺는다. 기적은 '거기 떨어졌다'는 것이다. 시간과 공간의 미궁 속에서 한 남자와 한 여자가 만났다는 것이 이미 기적인 것처럼.

이리저리 살랑대며 흘러가는, 저 붙들 수 없는 인생은 성실하게 제 할 일을 한다.

- 크리스티안 생제르,《결혼, 약속, 그 모든 미친 짓들에 대한 예찬》

현대사회에서 점점 말하기 힘들어지는 결혼과 약속을 한없이 예찬했던 생제르의 가르침은 '사랑을 향한 용기'로 요약될 수 있다. 사랑을 향한, 약속을 지키려는 용기와 과감성이 부족하다면 우리의 힘든 사랑과 인생은 더 남루해질 것이 분명하다. 그렇기에 우리는 사랑 앞에서 한 번 더 용기를 발휘해야 한다.

　　상담이 끝난 후로도 가끔 형빈 씨는 내게 이메일을 보냈고, 나는 그의 글에서 점점 용기 있는 사람으로 변해가는 그의 모습을 느낄 수 있었다. 1년 정도 지났을까? 그에게서 연인이 생겼고, 곧 결혼을 할 예정이라는 연락이 왔다. 그리고 지금 만나는 그녀를 너무나 사랑한다고 했다.

　　용기 없는 자에게 파랑새는 없다. 사랑과 사람에 대한 용기를 가질 때 파랑새는 그제야 우리 눈앞에 나타난다.

삶의 축제를 연장하는
세 가지 방법

내 삶을 축제로 만드는 방법은 그리 어렵지 않다. 우리는 작은 실천만으로도 지금보다 삶을 더 즐겁게 만들 수 있다. 아래 제시한 세 가지 방법은 삶이 재미없다고 말하는 무기력한 내담자들에게 자주 권하는 방법이다. 한번 실천해보길 권한다.

1. 우울의 반대는 기쁨이 아니라 몰입이다

심리학자 미하이 칙센트미하이는 실험을 통해 우리 인생에서 몰입을 제거하면 정신병 환자와 같은 심리에 빠진다는 사실을 알아냈다. 인간다운 삶을 영위하기 위해서는 몰입할 일을 찾아야만 한다. 시중에 나와 있는 몰입 관련 서적은 경계해야 한다. 성공을 위해 몰입을 이용하라는 식의 내용이 대부분인 까닭이다. 나는 대신에 순수한 몰입, 무목적의 몰입을 권장한다. 일에서 몰입을 발견할 수 있다면 천만다행이지만, 그러기 힘든 것이 현실이니 새로운 몰입의 대상을 찾고 도전해야 한다.

가령 노래를 즐기는 사람이라면 작은 합창단에 들어가 열심히 연습하고 사람들 앞에서 노래할 기회를 마련해본다. 또 춤추는 동호회에 들어가 좋아하는 춤을 배워볼 수도 있다.

2. 삶에서 만족하는 법을 배운다

우리 인생을 수놓은 성공과 실패의 변증법이 가진 운명적인 면을 깨달아야 한다. 노력했다면 그것으로 족하다. 성공할 수도 있고, 성공하지 못할 수도 있는 것이 인생이다. 심리학자 탈 벤 샤하르는 완벽이나 더 높은 성공을 추구하는 대신, 자신의 한계에 맞게 설계된 최적의 삶을 추구하는 것이 마땅하고, 행복의 최선이라고 했다. 아주 역설적인 이야기지만 만족을 모르는 사람에게 애초 성공이란 불가능하며 (그들에게 성공은 항상 저 멀리 날아가버리는 것이기 때문에), 행복이라는 궁극적 가치도 이룰 수 없다.

우리의 쾌감 중추는 대단히 빨리 싫증을 낸다. 쾌락에 맞춰진 심성은 결국에는 영혼의 파괴를 가져온다. 자칫 쾌락에 싫증 내는 삶을 반복하며 욕망의 쳇바퀴를 돌아야 할 수 있다. 지금 이 작고 소중한 삶이 가져다주는 놀라운 기적과 경이에 온전히 자신을 내맡길 수 있을 때, 비로소 우리는 행복의 길로 들어설 수 있다. 지금을 만족할 때 파랑새는 내 손에 내려앉는다. 기회가 된다면 탈 벤 샤하르의《완벽의 추구》를 읽어본다.

3. 남보다 자신을 먼저 돌본다

자신을 돌볼 수 없다면 우리는 도대체 왜 살아야 하는가? 21세기는 타인과 더욱더 밀착하고 협력해야만 살아남을 수 있는 시대가 되었다. 협업과 공생을 강조하는 사회생태계는 갈수록 공고해질 것이다. 하지만 타인을 향하기에 앞서 나의 온전함부터 살펴야 한다. 자기를 돌볼 수 없다면, 나는 결국 영화 〈매트릭스〉의 '인간 더미(dummy, 자동차 충격 실험용 인형)'처럼 살 수밖에 없다.

타인이 시킨 수많은 일에 치이기만 할 것이 아니라 나를 위한 일은 무엇인가 고민해보라. 채팅 창을 열기 전에 나는 누구인가에 먼저 답해보라. 때로 시도 때도 없이 울리는 스마트폰 전원을 끄고, 자성과 명상의 시간을 가져보라. 만약 불교에 거부감이 없다면, 타라 브랙의 《자기돌봄》이 좋은 안내서가 될 것이다. 불교적 내용이 싫다면 언론인 아리아나 허핑턴의 《제3의 성공》은 어떨까? 그녀가 경험에서 깨달은, 자신과 세상을 돌보라는 외침은 강하고 설득력이 있다. 그런데 자기를 돌본다는 것은 역설적으로 헛된 자아를 비우는 일이기도 하다. 무엇이 자아인지, 혹은 껍데기 자아인지 생각하고 생각해보라.

CHAPTER 4

그 누구에게도 상처받지 않겠다는 결심

다른 사람에게는 결코 열어주지 않는 문을
당신에게만 열어주는 친구가 있다면
그 사람이야말로 당신의 진정한 친구다.
—

영화 <어린왕자> 중에서

멀리 돌아본 사람만이
얻을 수 있는 것들

　나는 헛되이 살았다고 한탄하는 사람들을 거의 매일 만난다. 그들은 후회와 자책이라는 감정에서 쉬이 벗어나지 못한다. 특히 잠시라도 인생을 허비하며 살아본 사람들은, 인생 낭비에 대한 강박이 더욱 심하다. 후회는 강박을 만드는 법이다. 그들은 촉각을 다투며 인생을 전쟁하듯 살려고 한다.

　마흔이 넘도록 미혼인 동건 씨도 인생 낭비에 대한 강박이 무척이나 심했다. 자신이 지난날을 허투루 살았고, 그것이 지금 몹시 후회된다고 했다. 게다가 지금도 인생을 제대로 못 살고 있다는 생각이 들 때가 많다고 했다. 서른을 넘기고도 인생을 잘못 살았다고, 또 잘못 살고 있다고 말하는 사람들을 만날 때면, 당연히 '무엇이 인생을 잘 사는 것인가'가 상담 주제가 되는 경우가 많다.

내가 느끼기에 그의 삶은 자신의 판단과는 달리 꽤 괜찮았다. 그는 고급 자동차의 실내외 수리나 정비, 도색, 부속장치 설치 등을 해주는 가게를 운영하는 사장님이었다. 상담할 당시 그의 가게는 제법 잘되는 편이었다. 초기 공황장애 증상을 호소하며 상담을 원했던 동건 씨는 두세 번의 명상 훈련으로 쉽게 공황발작에서 벗어날 수 있었다. 하지만 문제는 깊은 생각의 뿌리였다.

동건 씨가 가진 불안의 심층에는 자기 삶에 대한 깊은 불신과 후회, 그로 인한 우울감이 도사리고 있었다. 공황장애에서 완전히 벗어난 후에도 상담은 몇 달간 계속되었다. 주로 자기 삶에 대한 자긍심과 존중감을 회복하는 것이 상담의 목표였다.

그는 고교 시절 부모의 불화 때문에 나쁜 친구들과 어울리며 탈선했고, 공부를 해 대학을 들어가고 평범한 직장을 다니는 것과는 거리가 먼 인생을 살았다. 20대에는 내내 아무 일이나 하며 그냥 버티며 살았고, 서른이 넘어서도 정신을 차리지 못하고 허투루 시간을 낭비했다고 한다.

상담을 시작한 지 두 달 정도 된 어느 날 나는 그에게 인생 대차 대조표를 한번 적어보자고 했다. 살면서 자신이 잘한 일은 무엇이고, 성공했던 일은 무엇이며, 또 후회가 많이 되는 일은 무엇인지 하나씩 적어보는 일이었다. 상담실에서 10분이 넘도록 동건 씨는 겨우 몇 줄 적는 것도 힘들어했다. 나는 화제를 다른 데로 돌리며 다음 상담 때까지 적어오게 '숙제'를 내주었다.

다음 상담 때도 그는 대차대조표를 작성해오지 못했다. 그리고 그다음 상담에서야 겨우 해왔다. 펴고 접고를 반복하며 주름이 생긴 대차대조표 종이에는 고심의 흔적이 역력했다. 그의 대차대조표 내용을 간략히 적으면 이렇다.

우선 잘못한 일들이다. 초등학교 시절 부모님 말씀을 잘 듣지 않은 것, 중학교 시절 담배를 배운 것, 고등학교 시절 좋지 않은 친구들을 많이 사귄 것, 공부에 뜻을 두지 않고 방황한 시간들, 일찌감치 공부를 다시 시작하지 못한 것, 좀 더 빨리 기술을 익히지 않은 것 등등 꽤 많은 후회와 잘못이 종이를 빼곡히 채우고 있었다.

반면 잘한 일, 기뻤던 일에 대한 항목은 부족했다. 잘한 일이라고 그가 꼽은 것은 겨우 몇 년 전 가게를 차린 일, 가게를 열심히 운영한 일 정도였다. 둘 사이의 불균형이 무척 심했다.

"지금 하는 일이 적성에 잘 맞나요?"

"네, 원래 뭘 만들고 고치고 하는 것을 좋아했죠. 또 취미로 제 차나 친한 친구 차는 늘 제가 튜닝하곤 했으니까요. 막상 해보니까 일이 생각 외로 재밌더라고요."

"서른 넘어서가 아니라 좀 더 일찍 시작했으면 좋았겠네요."

"그러니까, 그게 바보 같았다는 거예요. 삼촌이 그 몇 년 전에도 정비 일을 소개해주셨는데, 해보지도 않고 싫다고 짜증만 냈던 게 후회돼요."

"그땐 왜 그랬을까요?"

"철이 없었죠. 크게 한탕 할 생각만 하고 있었으니까."

그는 자신이 좀 더 일찍, 몇 년만이라도 이 일을 빨리 시작했다면 지금 하는 사업도 좀 더 커졌을 것이고, 돈도 더 모았을 것이라 생각했다. 이렇게 장가를 못 가 외국인 아내라도 구해야 하나 고민하지는 않았을 거라고.

동건 씨의 불안이 커져 공황장애까지 이르렀던 이유도 어렵게 사업을 정상궤도에 올렸지만, 혹 잘못해 사업이 망해서 다시 예전의 볼품없었던 인생을 살게 되는 건 아닌가 하는 불안 때문이었다. 더구나 어머니가 장가 밑천으로 모아놓은 돈을 몽땅 털어 시작한 일이라 절대 실패해서는 안 됐다.

그는 새벽부터 가게에 나가 직접 모든 일을 꼼꼼히 살피고, 늦게까지 남아 못다한 일을 처리하고서야 퇴근을 했다. 성실한 직원이 두 명이나 있었지만 동건 씨 본인이 원체 싫은 소리를 못하는 사람이라 직원을 돌려보내고 저녁마다 모자란 부분을 처리하고서야 집에 간다고 했다.

"손님들한테 칭찬이 자자하겠어요."

"좋아들 하시죠. 항상 흠 하나 없이 해서 돌려드리니까요. 내부 청소까지 제가 꼼꼼히 해서 보냅니다. 사실 사업이 이 정도까지 오게 된 것도 한 번 맡긴 분들이 소개를 해주셔서 그런 것 같아요."

과거야 어쨌든, 동건 씨는 이제 생활의 덕목이 알차게 들어찬 성실한 사람이었다. 하지만 그의 말 뒤에는 항상 후회와 걱정이 따랐다. 그리고 지금도 여전히 인생을 낭비하는 예전 모습에서 잘 벗어나지 못하고 있다고 했다. 일요일 아침 늦잠 자는 자신을 발견할 때면 무섭게 스스로를 다그쳤다. 간혹 게으른 태도나 마음이 생길 때면 여지없이 자신을 몰아세웠다.

그는 이런 식으로 말하길 좋아했다.

"지금 하듯이 진작에 공부를 했다면 대기업에 들어가 남들처럼 편하게 살았겠죠."

동건 씨는 고등학교 동기들 가운데 대기업에 들어가 기능장 자리까지 오른 친구 몇 명의 이야기를 하며 그때 한눈팔지 말고 전문대를 들어갔더라면, 그래서 공부를 좀 더 했더라면 지금보다 훨씬 나은 삶을 살고 있지 않을까 하는 후회를 많이 했다.

"과연 그럴까요? 어쩌면 친구들은 지금 사업을 하며 사장님 소리 듣는 동건 씨를 더 부러워하지 않을까요?"

"그런 말 하는 친구도 있긴 하죠."

인생은 언제나 후회와 반성으로 채워지기 마련이다. 그래서 인간을 후회의 동물이라고 하는 것이다. 언젠가 내가 들려준 이야기 중 가장 좋았던 게 무엇이냐고 물으니 동건 씨는 상담 때 들은 퇴계 이황 이야기라고 대답했다.

인생 초반에는 삶을 제대로 살아가기가 쉽지 않다. 아직 미숙한 데다 어떻게 살아가야 할지 그 방법을 잘 모르는 까닭이다. 하지만 지난 삶을 후회하기보다는 삶의 온전한 의미를 생각하는 것이 중요하다. 자기 삶이 좀 더 온전해지도록, 옳은 방향으로 나아가도록 정성을 기울여야 한다.

후회란 열심히 산
사람만이 할 수 있는 것

　　　　　　　　　　　　　　　　서른 즈음 나 역시 처지를 비관하며 젊은 시절을 쓸모없는 일에 허비하진 않았나 하고 후회한 적이 있다. 더 이상 대학원 공부를 하지 못하게 되면서 20대 내내 도서관이나 연구실에서 문학 공부에 정열을 바쳤던 것이 바벨탑을 쌓은 일처럼 허망하게 느껴졌기 때문이다. 어리석게도 미워하는 몇몇 교수들의 책을 불태우며 혼자 분풀이를 하기도 했다.

그 시절 평정심을 되찾고 생의 온전한 의미에 대해 생각하게 해준 마음의 스승들이 있다. 그중 내게 큰 울림을 준 사람이 바로 퇴계 선생이다. 다음은 대유학자이자 퇴계 선생이 가장 아꼈던 제자였던, 학봉 김성일金成一이 퇴계 선생께 직접 들은 이야기다.

선생은 일찍이, "나는 젊어서부터 학문에 뜻을 두었으나, 나에게는 학문의 뜻을 깨우쳐줄 만한 스승이나 벗이 없어서, 10년 동안 공부에 착수하고도 들어갈 길을 몰라 헛되게 생각만 하고 갈팡질팡하였다. 때로는 눕지도 않고 고요히 앉아서 밤을 새운 적도 있었는데 드디어는 심병心病을 얻게 되어 여러 해 동안 학문을 중지하지 않으면 안 되었다. 만약 참된 스승이나 벗을 만나, 아득한 학문의 길을 지시받았더라면, 어찌 구태여 심력心力을 헛되이 써서 늙은 지금에 이르기까지 얻은 바가 없기에 이르렀겠는가" 하였다.

감히 누구도 도달하기 어려운 위대한 성취를 이룬 대학자의, 참으로 겸손하기 이를 데 없는 말씀이다. 실제 퇴계 선생님의 전기를 살펴보면 20대 내내 여러 차례 과거에 낙방하며 큰 좌절과 실의에 빠졌던 기록을 쉽게 찾아볼 수 있다. 몇몇 기록을 분석해보면 어쩌면 그 충격으로 한동안 우울증을 겪었을지도 모른다는 생각마저 든다. 그러나 마음을 가다듬고 산으로 들어간 퇴계 선생은 다시 자신을 수양하며 공부에 정진할 수 있었다. 퇴계 선생의 글을 거의 매일 읽던 시절, 퇴계 선생에 관한 꿈을 꾼 적이 있다. 참으로 생생한 꿈이었다. 선생은 내 꿈에 나타나 자신도 그랬다며, "처음부터 인생을 잘 살기는 어려운 일이라네. 하지만 조금 더 마음을 다스리고 반성해 좋은 길을 찾아보시게" 하며 큰 말씀을 해주셨다. 그 말씀은 내게 큰 힘이 되었다.

"제가 느끼기에 동건 씨는 지금 가게 운영을 참 잘하시는 것 같아요. 전에 2, 30대에 이런저런 서비스업을 많이 해보셨다고 했잖아요. 백화점에서 꽤 오래 점원으로도 일해봤고. 동건 씨는 아무것도 남은 게 없다고 했지만, 전 그 시절 손님 대하는 법과 어떻게 고객에게 서비스를 제공해야 하는가에 대해 많이 배우셨다고 생각해요. 아마 쭉 정비 일만 하셨다면 지금처럼 가게를 잘 운영하기는 어려웠을 겁니다."

"아, 그럴 수도 있겠네요."

"그러니까, 대차대조표 오른쪽에 20대 때 몇 년간 백화점에서 일했던 경험도 좋은 일이었다고 적어보세요."

인생을 낭비하는 사람은 없다. 자신이 인생을 낭비했다고 생각해본 사람이라면 그 누구보다도 더 열심히 지금을 살아가고 있을지 모르기 때문이다. 그리고 충만한 삶은 언제나 후회가 많았던, 조금 모자란 과거들의 총합일 따름이다.

나를 사랑하면
다른 사람의 사랑도 얻을 수 있다

"행복의 조건이란 게 있긴 한가요?"

희준 씨는 이제 막 마흔이 된 노총각이다. 그의 가장 큰 고민은 자신의 외모와 연애 문제였다. 1미터 60센티미터의 키에 작은 눈, 조금 통통한 몸매의 희준 씨는 잘생긴 남자는 아니었다. 아니, 외모로만 따지면 평균 이하라는 본인의 평가가 결코 틀린 말이 아니다.

"저는 애초에 행복해지기 어려운 조건을 타고난 거죠."

상담을 시작하고 한 달 가까이 지나서야 희준 씨는 어렵게 외모에 대한 이야기를 꺼냈다. 그는 자신의 외모에 대한 말을 극도로 꺼렸다. 나는 자신에 대해 솔직해질 수 없다면 상담 또한 잘되기 어려울 것이라는 점을 알려주었다.

살아오는 내내 외모는 그에게 큰 고민이었다. 그래서 외모에 대한 집착이 컸다. 헤어스타일이나 옷, 여러 가지 장신구나 스마트폰 등에 유독 신경을 쓰는 이유 역시 외모에 대한 콤플렉스를 열심히 커버하기 위해서였다. 그는 남자들이 잘 들고 다니지 않는 제법 큰 프랑스제 명품 가방을 늘 들고 다녔다.

그는 지금 하는 일에도 만족을 느끼지 못하고 있었다. 아버지가 하는 청과상회는 장사가 잘되는 편이었다. 가게를 확장하며 일손이 달렸고 자연스레 희준 씨도 아버지 일을 돕게 되었다. 가게 덩치가 커져서 그가 맡은 회계나 장부 정리는 무척 중요하다고 했다. 어느덧 아버지 일을 도운 지 5년이 넘었다. 그리고 자신 명의로 된 고급 아파트도 있을 만큼 경제적으로 부족함도 없었다.

그러나 희준 씨는 몹시 불행했다. 그가 생각하는 큰 문제는 자신의 볼품없는 외모 때문에 좋아하는 여자들이 자신과 만나기를 꺼린다는 것이었다. 실제 여러 번 마음이 있는 여성에게 고백했다가 거절당했다고 했다. 그런데 그는 그게 오직 외모 탓이라고 생각하고 있었다. 상담이 무르익으면서 그는 아프고 힘겨웠을 법한 사연 하나를 들려주었다.

재작년에 만났던 한 여성은 처음부터 자기보다는 다른 데 더 관심이 많았다고 한다. 만날 때마다 시내 중심가로 나가서 쇼핑하기를 원했고, 백화점에서 고액의 선물을 사달라고 졸랐다. 희준 씨는 혹여 마음에 드는 그 여성을 놓칠까 싶어 요구를 거절할 수가 없었다.

따져보니 선물 사준 금액만 1,000만 원을 훌쩍 넘긴 어느 날, 그 여성은 다짜고짜 결별을 통보했다. 한 번 더 만나긴 했지만 이후로는 연락마저 잘 되질 않았다. 이별을 고할 당시 그녀가 했던 말에 희준 씨는 큰 충격을 받았다.

"너같이 성질 더러운 남자랑 어떻게 평생을 살겠니?"

그날 이후 희준 씨는 혼자 살아야겠다는 생각을 하며 누구도 만나지 않았다. 젊은 여성들에 대한 증오감을 이기지 못해 인터넷 사이트를 돌아다니며 욕설과 비난의 글을 남기기도 했다. 인터넷에는 자신 같은 사람이 무척 많다고 했다.

그런데 외모 때문에 여자들이 자신을 싫어한다는 생각은 희준 씨의 오해일 뿐이다. 내 주위에는 희준 씨보다 외모가 훨씬 못하지만 연애를 여러 번 한 이도 많고 결혼해서 아이를 낳아 잘 살고 있는 사람도 여럿 있다.

내가 보기에 정말 큰 문제는 외모가 아니라 그의 말투였다. 찡그린 표정 역시 문제라면 문제였다. 오래 묵은 그의 열등감은 다른 사람이나 세상사, 사회에 대한 불만과 적개심으로 변했고 이는 말투와 표정에 고스란히 드러났다. 그의 말투는 적대적이었고 말의 내용 역시 항상 비관적이고 부정적이었다. 비단 연애뿐만 아니라 다른 인간관계에서도 자주 곤경에 처했던 이유는 필시 그의 이런 표정, 말투, 부정적인 언어습관 때문이었을 것이다.

행복을 얻고 싶은 자,
많이 웃어라

심리학은 그간 행복의 조건에 관해 수많은 연구를 진행했고, 거의 정답에 가까운 결론도 이끌어냈다. 그런데 연구를 통해 알아낸 행복의 조건은 우리가 흔히 행복의 핵심 조건일 것으로 예상하는 것과는 거리가 멀다.

앞에서도 몇 차례 언급했던 조지 베일런트는 행복의 조건을 밝혀내기 위해 하버드 대학을 졸업한 200여 명의 일생을 추적해 매년 그들의 정서적·신체적 건강을 측정하고, 그 변화를 기록·분석했다. 심리연구 중에서도 이 같은 종단 연구는 가장 힘들고도 끈기가 요구되는 일이다.

하버드대 학생을 행복 연구의 대상으로 삼다니, 좀 특이하지 않은가? 그들 같은 최고 엘리트라면 당연히 행복할 테니 말이다. 그런데 이는 천만의 말씀이다. 실제 통계에서도 미국에서 가장 우울증이나 심리 상담 횟수가 많은 학생들이 하버드대 학생들이다. 조사에 따르면 하버드대에 입학하며 느끼는 자부심과 성취감은 단지 아주 짧은 기간 이어질 뿐이다. 성취 욕구가 강하고 압력을 많이 느끼는 하버드 출신들이 더 많은 성취를 이룰 수는 있겠지만, 더 많은 만족을 느끼며 살아가는 집단은 아니다. 이는 이미 증명이 된 사실이다. 세속적 성공의 횟수가 늘어날수록 행복해지리라는 우리의 기대는 여지없이 뒤집힌다.

베일런트는 이 연구를 마무리하는 최근 저서들에서 '인간은 어떻게 행복해지고, 불행해지는가?'에 대한 믿을 만한 답을 제시한다. 행복한 노년을 지켜주는 일정한 법칙이 존재한다는 것이다.

우선 행복한 노년을 사는 사람들은 성숙한 방어기제를 가지고 있었다. 그들은 삶의 고난과 역경에 능숙하게 대처하는 훈련된 마음 근육을 갖고 있었다. 그렇기에 행복도 연습할 수 있다는 이야기가 나오는 것이다. 베일런트는 성숙한 마음을 가진 이들은 뜻밖의 어려움이 닥쳐도 웃으며 처리할 여유가 있고, 그것이 행복의 열쇠가 된다고 말한다.

또 행복한 노년을 사는 사람들은 친밀한 인간관계를 유지한다. 자기 자신을 허심탄회하게 드러낼 수 있는 친구나, 금슬이 좋은 배우자는 건강하고 행복한 노년의 핵심 요소다. 여기에 신체적 건강과 좋은 생활습관 역시 행복의 주요한 조건이다. 적정 체중을 유지하는 것, 꾸준히 운동하는 것, 건강을 해치지 않는 음주 습관, 금연은 장수와 노년의 행복을 보장하는 황금열쇠다.

마지막 한 가지는 지속적 교육이었다. 하버드 대학 같은 명문대를 나와야 한다는 뜻이 아니다. 이는 교육기관에서의 공부뿐 아니라 노년까지 계속 이어지는 꾸준한 학습을 포함한다.

점점 외모를 중시하는 세상이지만, 외모가 행복의 결정인자가 되는 일은 없을 것이다. 세상에는 항상 외모가 아닌 다른 것이 더 중요하다고 여기는 사람들이 존재하기 때문이다.

이런 이야기를 들은 희준 씨는 조금 놀라는 표정이었다. 어쩌면 희준 씨에게 정말 부족한 것은 성숙한 방어기제, 삶을 좀 더 낙천적으로 바라보는 태도가 아닐까. 그리고 스스로를 불행하다고 여기는 이유는 베일런트가 인간의 높은 자질이라고 표현했던 사랑, 희망, 기쁨, 용서, 연민, 믿음의 마음이 많이 부족해서였을 것이다.

한번은 희준 씨에게 상담실 벽에 걸린 거울을 보라고 했다.

"늘 찡그린 표정 때문에 미간에 새겨진 주름을 펴지 않으면 사람을 사귀기가 그만큼 어려울 거예요. 진화심리학에서는 여성들이 배우자를 고르는 가장 중요한 조건 가운데 하나로 잘 웃는 얼굴을 꼽아요. 자신에게, 또 아이에게 잘 웃어주는 사람이었으면 하는 바람 때문이지요."

세상을 긍정적으로 바라보는 마음이 부족하다 보니, 말에도 불편하고 부정적인 내용이 계속 섞여들었고, 사람들이 희준 씨를 싫어하거나 피하는 것도 사실 모두 그런 문제 때문이었다. 나는 그의 언어습관을 바꾸는 데 도움이 될 만한 구체적인 방법을 조목조목 적으며 알려주었다.

그 시작은 거울을 보며 자신을 향해 "나는 지금 나에게 충분히 만족해"라고 말하는 연습이었다. 처음에는 낯부끄럽다며 손사래 치던 그도 나의 강력한 설득에 한발 물러나 어렵게 연습을 시작했다.

그리고 신기한 일이 일어났다. 상담이 어느 정도 진행되어 한 달에 한 번 꼴로 나를 찾던 희준 씨가 어느 날 전에 없이 상기된 표정을 하고 나타났다.

"그 연습을 한다고 당장 좋아하는 사람이 생기는 건 아니겠지만 자기 스스로 즐겁고 만족스러운 기분이 들지 않던가요?"

기다렸다는 듯이 반색하며 그가 대답했다.

"아뇨, 선생님. 정말 좋아하는 사람도 생기던걸요."

"네에?"

"얼마 전 친구 소개로 만난 여성이 있는데 지금 벌써 다섯 번이나 만났어요. 이렇게 서로 기분 좋게 누군가를 계속 만난 건 난생처음인 것 같아요. 저도 제가 신기해요."

"희준 씨의 어떤 면이 좋다고 하던가요."

"제가 따뜻한 사람 같대요. 재밌고 웃기다는 거예요. 참 나."

아직 그 여성에게는 자신의 경제 상황을 알리지 않았다고 했다. 그냥 밥은 굶기지 않을 거라는 정도만 말했다고 했다. 그래서 배경 때문에 자기를 좋다고 하는 건 아닌 것 같다고 짐작하고 있었다.

사랑이야말로 인생의 묘약인 모양이다. 희준 씨는 오랜만에 연애를 시작하면서 과거의 자취를 하나도 찾아볼 수 없을 만치, 환한 미소를 짓는 사람으로 변해 있었다.

우정 없는 비정한 세상에서
살아가는 법

친구 좋아하고 술 좋아하던 성철 씨는 얼마 전 사고를 당했다. 뺑소니였다. 결국 범인은 찾지 못했다. 다리에 깁스를 하고 몇 달을 누워 있던 그에게 불현듯 삶에 대한 회의가 밀려왔다. 몇 번이나 통곡을 하기도 했다. 아내가 그런 성철 씨를 끌고 찾아왔다.

몇 가지 지필검사를 해보니 화병이었다.

"인생을 잘못 살았다는 생각이 들어요."

"어떤 면이 가장 후회가 되나요?"

"친구 좋다고 바깥으로 나돌면서 정작 가족한테는 소홀했어요. 아프니까 아내밖에 없더군요. 온갖 궂은일은 아내가 다 하고……."

성철 씨는 뜨거워진 눈시울 때문에 잠시 말을 잇지 못하다 다시 감정을 추슬렀다.

"사고를 겪으며 가장 힘들었던 일은 무엇일까요?"

"장사를 하는 처지라 사고가 나고 당장 융통할 돈이 없어서 아내가 제일 친한 제 친구 몇 놈한테 전화를 걸었어요. 돈 좀 빌려달라고. 그런데 다들 어렵다는 거예요. 정말 이럴 줄 몰랐는데."

"마음이 많이 상하셨겠네요."

"그 자식들 내가 다시는 보나 보자 결심했죠. 노모가 동동거리며 일가친척들, 이웃들 찾아다니며 돈을 반이나 마련했죠. 현금을 들고 아범 수술부터 하라고 들고 오셨어요. 나 같은 불효자한테."

벌겋게 달궈진 눈시울에는 깊은 회한이 서려 있었다. 매주, 혹은 한 주 걸러 한 번은 꼭 만났던 친구들은 결국 술만 같이 마시는 사람들이었다. 더 기막히게도 그 와중에 얼마 전 어머니가 폐암 진단을 받았다. 담당 의사 말이 고령인데다 암이 많이 진전돼서 수술을 해도 경과를 장담하기 어렵다고 했다고 한다.

성철 씨는 땅을 치며 후회했다. 이 일이 아니었다면 심리 상담까지 받을 생각도 하지 않았을 거라고 했다. 비관에 빠진 남편이 걱정스러운 나머지 아내는 발을 동동거렸다.

성철 씨는 남들 술이나 받아주려고 조강지처도, 자식도, 부모도 제대로 챙기지 못한 지난 삶이 너무 후회스러워서 잠을 이룰 수 없었다. 가끔은 알 수 없는 울화가 치밀어 주체할 수가 없었다. 자신을 친 뺑소니범에게 부득부득 이를 갈았다. 성철 씨의 어깨 부위를 만져보니 뒷목이 나무토막처럼 단단하게 굳어 있었다.

"하여튼 그놈은 잡기만 하면 내가 아주 박살을 내버릴 거예요."

"화를 낸다고 해결될 일이 아니니 화를 다스리셔야 해요."

"남편이 화나면 제가 무서울 정도예요. 화가 나서 밤에 잠도 못 자는 거예요."

아내는 우울증보다는 분노가 더 문제라며 걱정스러워했다. 나는 화 다스리기에 도움이 되는 치유서 몇 권을 적어주면서, 화를 풀어 내는 명상법이 적힌 매뉴얼을 건넸다.

"후회와 자책만 할 게 아니라 어머님에게 지금 무얼 해드릴 수 있을지, 어떤 걸 해드리면 좋아하실지 찬찬히 생각해보고, 당장 시작하세요."

"너무 늦은 것 같아요."

"아니요. 늦지 않았어요. 부모님 모두 살아 계시잖아요. 저는 아버지가 갑자기 돌아가셨어요. 몇 년을 얼마나 가슴 아파했는지 몰라요. 살아 계실 때 잘해드리지 못한 게 두고두고 후회가 돼서 밤에 깨서 눈물을 흘린 적도 한두 번이 아니에요."

지난날에 대한 후회는 바보들의 일이다. 현명하다면 오늘에 충실해야 한다.

경제적으로 넉넉지 않은데다, 우울증이 생각보다 깊지 않아서 그리 바람직한 처방은 아니었지만, 상담받으러 2주에 한 번 정도 오라고 권했다. 아내가 그래도 되느냐고 몇 번을 묻기에 적어준 처방

을 잘 따르고, 치유서 읽기를 열심히 실천한다면 크게 문제는 없을 거라고 안심시켰다.

성철 씨에게 준 가장 강력한 미션은 매일 아침 어머니에게 전화를 걸어서 안부를 묻고 좋은 이야기를 해드리라는 것이었다.

2주가 아니라, 3주 만에 다시 찾아온 성철 씨는 그동안 화가 나는 일이 또 하나 생겼다고 했다. 하지만 몇 주 전처럼 격노하는 정도는 아니었다.

"아니, 나 아플 때는 시치미 딱 떼던 놈이 자기 딸 결혼식이라고 청첩장을 보냈더라고요. 부조금을 받아먹겠다는 거죠. 나쁜 놈."

인정머리 없는 친구에 대한 비난과 원망은 몇 분 동안이나 이어졌다. 맞다, 친구란 거 어쩌면 별것 아니다.

나는 서른 즈음 심한 우울증을 앓으면서 친구들을 멀리하게 되었다. 내가 부끄러움에 떨며 칩거하던 시골까지 찾아온 사람은 딱 둘이었다. 둘도 없던 동기 한 명과 내가 예뻐했던 여자 후배 한 명.

그 시절 우정이란 게 연약하기 짝이 없다는 생각을 자주 했다. 웃으며 지내던 수백 명의 사람들은 내가 곤경에 처하자 순식간에 등을 돌렸고, 친하게 지내며 친구라 여겼던 사람들도 내 삶이 조금 기울자 무슨 불편한 옷을 입는 것처럼 서로 외면하고 피하기 시작했다. 더군다나 살아가기가 더 팍팍해진 요즘 같아서야 아낌없이 주는 친구란 어디까지나 머릿속에나 존재하는 상상일 따름이다.

서로의 어깨를 빌려주며
함께 걷는 자

내게 차가 없던 시절, 자기도 결혼 준비로 바빴을 후배 혜경은 못난 선배를 보러 멀리까지 차를 몰고 찾아왔다. 나를 차에 태워 남한강 근처를 돌며 동료 교사들과 자주 간다는 음식점이며 라이브 카페까지 데리고 다니며 호강을 시켜줬다. 잎이 다 떨어진 겨울나무처럼 스산했던 내가 퍽이나 안 돼 보였던 모양이다. 나는 뜻밖의 대접을 받으면서도 편치 않은 마음으로 그녀의 애잔한 표정을 살필 수밖에 없었다. 그 후 다시 자신을 일으켜 세우려고 분투했던 나에게 그 한 번의 따뜻했던 위로는 두고두고 생각나는 고마운 기억이었다. 그런 우정을 경험한 것은 어쩌면 행운이었는지도 모른다.

요즘 들어 점점 우정은 식거나 사라지기 쉽다는 생각이 짙어진다. 우정이란 때로 한 번의 선선한 희생으로 빛을 발하기 때문에 그 작은 불씨를 지켜내기가 더욱 어려운 법이다. 그런데 우리는 저마다 공룡 같은 세상의 발에 수도 없이 짓밟혀 비겁해질 대로 비겁해졌고, 그 찬란한 불씨를 지켜낼 용기마저 잃어버렸다.

성철 씨와 얼마간 우정에 대한 이런저런 이야기를 나누기도 했다.

"선생님 말씀도 친구에게 기대할 게 없다는 거네요. 나이 드니 가족밖에 없다는……."

"꼭 그런 건 아니고 다만 친구 관계, 우정이란 건 아름답게 지켜내자면 지혜가, 아니 신중함이 꼭 필요하다는 거예요. 아마 친구 분들도 후회하고 있을지 몰라요. 그때 자기 판단이 어리석었다고 생각할 수도 있는 일이고요. 친구가 가족처럼 오래 기다리고 오래 인내하는 관계는 아니니까요."

"아무튼 전 친구 없어요, 이제."

성철 씨에게 당장 친구 문제가 그리 급한 것도 아니었다. 다시 아들의 이름으로, 아버지의 이름으로, 남편의 이름으로 해야 할 일이 너무도 많았기 때문이다. 그 후 한동안 우리는 친구 이야기는 거의 하지 않았다.

몇 달이 지나 성철 씨는 다리가 완전히 나아서 다시 가게에 나갈 수 있게 되었다. 그동안 아내의 고생은 이루 말할 수 없을 정도였다. 어떤 때는 점점 좋아지는 성철 씨와 점점 야위어가는 아내 가운데 누가 상담을 받아야 하는지 헷갈릴 정도였다. 보호자가 환자 같고, 환자가 보호자 같았다. 그나마 성철 씨에게 사고 후유증이 없어 천만다행이었다. 신경까지 조금 다쳐서 다리를 저는 건 아닌가 내내 걱정을 했었기 때문이다. 사고 이후 그는 마치 다시 태어난 사람처럼 살아가고 있었다.

어머니의 수술 경과도 좋아서 어쩌면 희망적일 수도 있다는 이야기를 들었다고 했다. 물론 사실 날이 몇 년이나 남았는지 항상 염려가 된다고도 했다.

한 달 반 만의 마지막 상담에서 성철 씨는 뜻밖의 이야기를 전했다. 가장 믿었던 한 친구에 대한 이야기였다. 사실 그가 자기 인생에 친구는 없다고 생각하게 된 결정적인 이유는 그 친구 때문이었다. 그가 사고 당시 모른 척했기 때문이다. 그런데 성철 씨가 사고를 당하기 한 달 전 그 친구 역시 운영하던 작은 음식점 사업이 망해 빚쟁이들에게 쫓기는 신세가 되었다고 한다. 다행히 지금은 친척들 도움으로 어느 정도 빚을 갚긴 했지만, 지방에 있는 공장에 들어가 막일에 가까운 일을 하며 근근이 생활비를 벌고 있다고.

"형수님이 돈을 빌리러 오셨는데, 내 사정이 이런데 어떡하겠나? 괜히 걱정할 것 같아 너한테는 알리지도 않았다."

두 사람은 그 후 다시 가끔 만나 술을 마시곤 했다. 서로 눈물을 흘리며 인생의 쓴맛을 이야기했다고 한다. 성철 씨는 친구 사정도 모르고 원망만 한 자신이 너무 어리석고 한심하다고 했다. 그리고 그 친구가 속 깊은 사람이라는 걸 다시 한 번 느꼈다고 자랑스러워했다. 친구가 지방에 있어 석 달에 한 번 정도 보기로 했다는 두 사람은 서로 문자도 주고받으며 전에 없이 좋은 우정을 나누고 있는 듯 보였다.

친구가 다는 아니지만, 친구가 있어 좋다. 우정 없는 이 비정한 세상에서 자기 자신을 허심탄회하게 드러낼 수 있는 친구가 있다는 사실은 인생의 큰 위로이자 행운이므로.

작고 평범한 것들이
주는 기쁨

서울 쥐가 시골 쥐를 만났다. 시골 쥐가 보잘것없는 음식만 먹고 사는 것을 불쌍하게 여긴 서울 쥐는 시골 쥐를 서울로 초대한다. 서울 쥐를 찾아온 시골 쥐는 음식이 가득한 부엌에 들어선다. 서울 쥐는 시골 쥐에게 마음껏 먹으라 한다. 음식을 먹으려던 찰나 집주인이 부엌으로 들어오고 시골 쥐와 서울 쥐는 황급히 쥐구멍으로 숨는다. 이런 일이 반복되며 제대로 음식을 먹을 수 없었던 시골 쥐는 맘 편히 음식을 먹을 수 있는 시골이 낫겠다며 고향으로 돌아간다.

서울 쥐와 시골 쥐 이야기는 세계로 퍼져나간 우화다. 거의 모든 문화권에 이 우화가 있다. 인류 모두에게 공감이 가는 내용인 까닭이다. 또한 이 이야기는 내 이야기이기도 하다.

20대 때 생각지도 않았던 방향으로 인생이 틀어지며 나는 큰 어려움을 겪었다. 별일 아니라고 스스로를 다독이며 한동안 부모님과 형이 사는 시골집에 내려가 있기로 했다. 조금 쉬면 나아지리라. 그렇게 생각했다.

하지만 내 마음은 뜻대로 움직이질 않았다. 무엇보다 밀려오는 부끄러움을 감당하기 힘들었다. 머릿속에는 명문대까지 나온 사람이 촌구석에 내려와 무얼 하나 같은 생각이 맴돌았다. 이는 나 스스로 만들어내고 집착한 혼자만의 생각이었다. 부끄러움은 부끄러움을 낳고 나의 사회공포증은 커져만 갔다. 두문불출 방구석에서만 지내는 날이 많았다. 깊은 우울증은 생의 의미를 잃은 채 사는 것이 죽느니만 못하다는 생각으로 나를 이끌었다. 자살충동과 공황발작을 자주 겪었다.

그 시절 나는 시골 쥐로 살았다. 처음에는 시골 생활을 답답해하는 서울 쥐처럼 내가 누리는 좋은 삶의 의미를 도무지 몰랐다. 하지만 시골 생활은 시골 쥐의 말대로 퍽 편한 것이었다. 2~3년 지나면서 우울증도 점차 사그라지며 나는 시골살이가 주는 평온에 젖어들었다.

서울에서는 외출을 하거나 학교에 나가려면 여러 번 거울을 보며 매무시를 다듬어야 했지만, 시골에서는 그럴 이유가 없었다. 집에서 입던 대로 읍내에 나가 장터에서 국밥 한 그릇을 사 먹어도 아무

탈이 없었다. 그제서야 세상 누구도 나를 부끄러워하지 않는다는 사실을 알았다. 다만 내가 나를 부끄러워했을 뿐.

시골 쥐의 인생을 배운 적이 없어서, 그 역시 다시 배워야 했다. 집만 나서면 보이는 들판, 논밭, 과수원, 흙, 푸른 숲이 우리 인생에서 도대체 무슨 의미인지 알아야 했다. 몇 권의 책이 그 진실을 알려주었다.

헤르만 헤세의 《정원 일의 즐거움》이나 헨리 데이비드 소로의 《월든》, 헬런 니어링과 스콧 니어링의 《조화로운 삶》, 전우익의 《혼자만 잘 살믄 무슨 재민겨》 같은 책에서 시골 삶의 깊은 맛을 깨달았다. 바보가 조금 똑똑해지도록 도와준 고마운 책들이었다.

그렇게 몇 해가 지나면서 귀함과 천함, 세련됨과 소박함, 우아함과 고졸함 사이의 간극을 꿰뚫어볼 만한 통찰력도 조금 생겼다.

"시골에서 계속 살까 해."

도시 친구나 지인들에게 던진 이 말은 진심이었다. 20년 가까이 품었던 작가에의 열망도 애가 달은 것이 아니었다. 다 때가 되면 되려니, 또 되면 그리되는 것이고 아니면 아닌 것이라 여기게 되었다. 이런 마음가짐은 해가, 땅이, 텃밭에 자라는 푸른 채소들이, 우리를 둘러싼 원만한 대자연이 가르친 것이기도 했다.

텃밭에 앉아 흙을 만지면 '아주 이따금, 씨앗을 뿌리고 수확하는 어느 한 순간, 땅 위의 모든 피조물 가운데 유독 우리 인간만이 이같은 사물의 순환에서 제외되어야 한다는 것이 얼마나 이상한 일인가 하는 생각이 떠오른다'고 말한 헤세처럼 바쁘게 쳇바퀴를 돌며 사는 삶이 어리석다는 생각이 들기도 했다.

시골 생활이 완전히 몸에 배며 더할 나위 없이 편안해졌고 예전처럼 다시 동기나 친구들을 만나기도 했다. 마음이 불편할 때는 친구들 보는 것도 피했었다. 그 탓에 힘든 시절을 거치며 만나는 사람 수는 수백에서 단 몇 명으로 줄어들었다.

하루는 일산에 사는 친구 집으로 놀러 간 적이 있다. 나는 햇빛에 그을려 전에 없이 검은 피부를 하고 있었고, 흙을 만지는 터라 손끝이 갈라지고 손톱이 모지라져서 손이 꽤 거칠었다. 내가 봐도 영락없는 촌부였다.

공부만 하다가 시골에서 농사를 짓고 주저앉은 동기가 친구들 눈에는 안타깝게도, 특별하게도 보였을 것이다. 하지만 그즈음 나는 내가 참 다행이라고 여기고 있었다.

버는 돈이 없으니 초대해준 동기에게 마땅히 선물할 게 없었던지라 아침 일찍 텃밭에 나가 예쁘게 자란 오이, 호박, 상추, 고추, 가지를 한 소쿠리 따서 가방에 담았다. 그리고 흐뭇한 마음으로 초대해준 친구에게 가방째 내밀었다.

같이 놀러 온 친구들은 시골 사는 애가 무슨 선물을 사왔나 하는 표정으로 지켜보았다. 가방에서 작물들이 하나씩 모습을 드러내자 다들 놀라고 기뻐하는 표정을 감추지 못했다.

"정말 네가 키운 거라고?"

"그럼."

지금 생각해보아도 연신 웃음이 나오는, 시골 쥐의 대반격이었다. 내게는 그 예쁜 것들이, 그 신의 작품이 금은보화보다 더 값지고 자랑스러웠다.

인생의 후반전을 준비하며
기억해야 할 것들

최근 나의 상담은 새로운 상황에 직면하고 있다. 베이비부머들이 은퇴하기 시작하며 중장년층 내담자가 늘었고, 그들이 인생의 진로와 방법을 상의해오는 경우가 많아졌기 때문이다. 아마 앞으로 10년 이상 그들은 새로운 진로와 남은 삶에 대한 고민으로 어려움과 갈등을 겪을 것이 분명하다.

또 사회 분위기 탓인지 아직 현업에서 일하지만, 40대나 50대의 진로상담이나 인생 2막과 관련된 상담도 많아지고 있다.

급변하는 세상은 끊임없이 진로를 고민하게 한다. 그럴 때면 앞으로 10년에서 20년 사이에 우리가 아는 직업의 절반 이상이 사라질 거라 경고하는 미래 예측 동영상을 함께 보며 어떻게 삶의 대책을 세워야 할지 고민한다.

그들 중에는 전원생활을 꿈꾸거나 계획하는 이도 제법 많다. 나는 얼마간 여유가 있다면, 특별히 돈을 더 벌어야 하는 상황이 아니라면, 가진 돈의 가치가 어느 날 폭락하지는 않을 테니 시골 생활도 결코 나쁘지 않은 대안이라고 조언한다.

그럴 때 10년간 시골 쥐로 산 내 경험을 들려주며 구체적인 방책도 제시한다. 얼마 전 상담한 50대 초반 내담자에게 들려준 이야기다. 그 역시 하는 일을 계속하며 작은 하청업체를 꾸릴까, 아니면 자산을 정리해 따뜻한 남쪽에 작은 농장 하나를 마련할까를 두고 고민하고 있었다.

"도시 삶처럼 많은 것을 누리고 또 가지고 살진 못하죠. 그러니 그런 욕심을 버리는 연습부터 하는 게 좋아요. 저도 늘 밥처럼 먹던 햄버거가 사라진 일상을 한동안 견디기 힘들어 했으니까요. 대신 완전히 새로운 경험도 하게 될 거예요. 혹시 민들레 쌈 드셔본 적 있나요. 저도 당시 아버지가 권해서 처음 먹어봤는데요. 난생처음 느끼는 완전 새로운 맛이었어요. 쓴맛이 그렇게까지 깊은 맛을 주는지 미처 몰랐거든요. 시골에서 잘사는 방법은 할 수 없게 된 일들을 포기하는 대신, 새로 할 수 있게 된 일들을 충분히 기뻐하는 마음으로 대하는 연습을 하는 거겠죠."

시골 삶이 가져다주는 많은 유익 가운데 으뜸은 건강한 삶일 것이다. 내 평생 가장 가는 허리, 가장 단단한 허벅지를 가졌던 때가 바로 결혼하기 전인 2005년 가을쯤이었다. 그때는 매일 하루 두 시간, 10킬로미터 이상을 걸으면서도 전혀 힘든 줄 몰랐다. 정말이지 서른다섯 살의 내 몸이 공부나 진로에 지쳐 있던 열일곱 살이나 열여덟 살 때보다 더 강성했다. 감기 한번 걸리지 않으며 겨울에도 반소매 차림으로 다닐 정도였으니까.

몇 년 전 다큐멘터리에서 쥐를 두 무리로 나누어 실험을 하는 영상을 볼 기회가 있었다. 일본에서 이루어진 장수와 관련된 실험 영상이었다. 목조 가옥과 콘크리트 가옥, 그리고 장수와의 관련성에 대한 비교 실험이었다.

몇 마리의 생쥐는 콘크리트로 만든 상자에 넣고, 다른 몇 마리는 원목으로 제작한 나무 상자에 넣어 스트레스 유발 실험을 반복했다. 빛이나 수면, 먹이 같은 여러 조건을 조작해 생쥐에게 스트레스를 주는 방식이다.

나 말고 다른 시청자들도 그랬을 것 같지만, 실험 장면을 보며 시골 쥐와 서울 쥐 우화를 떠올렸다. 물론 결론은 나무 상자에서 살게 한 쥐들이 훨씬 스트레스를 덜 받고, 수명도 몇십 퍼센트 더 길다는 것이었다.

결혼 후 도시에서 하는 일이 많아지면서, 지금은 경기도 인근 한 아파트에서 살고 있다. 물론 광릉수목원이 지척이라 딱히 도시라 말하기도 어려운 곳이긴 하지만 말이다. 경기도로 올라오기 전에는 해방 즈음 지은 60년 된 시골집에서 살았다. 나무 뼈대에 흙과 짚으로 벽을 채워 넣은 옛날 시골집을 조금 개량해 부모님과 함께 살

왔다.

　소나무로 짠 대청마루는 나나 아버지 모두 대자로 누워 있기를 무척 좋아했던 곳이다. 두 사람 다 마루에 누워 휘어진 서까래를 바라보다가 스르르 잠이 들곤 했다. 요즘 내가 사는 집에서는 매트나 이불을 깔지 않으면 눕지 못한다. 나무 문양 강화마루가 깔려 있지만, 콘크리트 바닥에 바로 눕는 것 같아 편치 않기 때문이다.

　나의 한 가지 소원은 말년에 헤세처럼 정원 생활의 낙을 누리며 사는 것이다. 그것은 늘 과연 언제 이뤄질 것인가 갈망하고 염원하는 소원이다. 여러분 가운데 많은 분들처럼 말이다.

인간답지 못한,
그래서 더 슬픈 사람들

열여섯 살 영진이는 망을 봐주다가 감옥을 가게 되었다. 처음 들은 이야기로는 그랬다. 법원에 낼 상담 기록을 위해 찾아온 영진이는 성폭행 혐의로 재판을 받고 있었다.

사건은 끔찍했다. 고등학교 선후배 관계였던 다섯 명이 연루된 일이었다. 여자 후배 A를 집단 성폭행하자고 처음 작당한 건 B와 C였다. 평소 친하게 지내던 D도 가담하겠다는 의사를 밝혔다. 그리고 셋보다는 넷이 일을 벌이기 쉽겠다고 생각하고 범죄를 저지르는 동안 망을 봐줄 사람으로 E를 지목했다. E가 바로 영진이었다. 평소 D가 시키는 일이면 뭐든 하는데다 B나 C와도 잘 알고 지내던 영진이는 선택의 여지가 없었다고 했다. 물론 어리석은 생각이다.

알고 지내던 피해자 A에게 수면제가 든 음료수를 건넨 것도 영진이였다. 영진이는 다른 일당이 A를 학교 뒤 야산에 끌고 가 성폭행을 하는 동안 가슴을 졸이며 망을 봤다.

"너도 그 여자아이를 성폭행했니?"

변명으로 일관하던 영진이에게 내가 단도직입적으로 물었다.

"형들이 안 하면 죽여버린다고 해서 어쩔 수 없이……."

망만 봤다는 말은 거짓이었다. 영진이는 징역 2년을 구형받고 수감되었다. 나는 두 달 남짓 다섯 차례 상담했던 기록을 정리해 어머니 성미 씨에게 건넸다.

상담을 통해 파악한 영진이는 사실 그처럼 짐승만도 못한 짓을 저지를 만큼 나쁜 아이는 아니었다. 선악에 대한 미숙한 판단이 치명적인 결과를 초래했을 뿐. 그리고 이 이야기는 영진이가 아니라 성미 씨에 관한 이야기다.

성미 씨는 잠깐의 부모 상담 때마다 사색이 된 채 가슴이 찢어질 것 같다고 했다. 그녀는 실제로 신체적인 통증을 느끼고 있었다. 심리학에서는 이를 신체화증상이라고 한다.

일이 있기 전 성미 씨는 아들의 엇나가는 모습 때문에 마음을 졸이긴 했지만 절망하지 않고 꿋꿋이 버티며 살았다. 고된 일을 마치고 퇴근해서 아들과 함께 늦은 저녁 식사를 할 때면 그래도 삶이 희망적이고 행복하다는 생각도 했다. 성미 씨는 5년 전 남편을 저세상으로 보냈다. 뒤늦게 암을 발견하고 수술과 재수술을 반복하며

3년 넘게 치료하느라 가산도 탕진했다. 가뜩이나 어려운 살림에 남은 것이 하나도 없었다. 그녀는 안 해본 일이 없었다. 3년 넘는 투병 생활은 가뜩이나 어려운 살림에 친척들에게 빌린 빚만을 남겨주었다. 살아갈 일이 너무 막막해 죽을 생각도 했지만 영진이와 두 동생을 보며 그래도 살아야 한다고 다짐했다. 그동안 건물 청소, 택배, 공사장 인부처럼 여자들이 하기 어려운 일까지 하며 참으로 고단한 삶을 이어왔다. 먹고사는 데 바빠 아이들을 살뜰히 돌볼 겨를이 없었다.

심리 상담은 비용이 꽤 많이 들기 때문에 문제가 있어도 선뜻 받기 어려운 것이 현실이다. 성미 씨 형편에 심리 상담은 버거운 일이었지만, 법원에 정상 참작이 될 만한 자료로 무엇을 제출할까 고민하다가 심리 상담을 받아서 아이가 변했다고 하면 그나마 도움이 될까 싶어 상담을 신청했던 것이다.

"다 늦은 걸 알지만 이렇게라도 안 하면 너무 후회가 될 것 같아서요."

나는 사정을 고려해 상담 횟수를 반으로 줄이고 영진이의 상담에 전력을 다했다. 양심이 허락하는 한에서 긍정적인 결과가 나왔다는 보고서를 써주려고 애썼다. 냉엄한 현실을 깨닫고 깊이 뉘우친 영진이에게 심리적으로 큰 변화가 생긴 것도 사실이었다.

영진이의 마지막 상담이 있던 날도 부모 상담을 하는 20여 분 동안 성미 씨는 눈물을 멈추지 못했다. 상담하는 내내 자책과 절망에

찬 이야기를 하염없이 쏟아냈다.

"얼마 전 공판이 있었는데 결과가 좋지 않네요. 다른 녀석들보다 형량이 적게 나올 것 같긴 하지만……."

"너무 걱정 마세요."

"전 지금까지 정말 남에게 해 되는 일은 한 번도 안 하고 살았어요. 그런데 왜 저한테 이런 일이 생기는 걸까요?"

언젠가 함께 왔던 성미 씨의 동생도 그렇게 말했다. 언니는 정말 착한 사람이라고. 완쾌할 가망이 없다는 형부를 몇 년 동안 여기저기 끌고 다니며 살리려고 무진 애를 썼다고. 홀로 되고서도 어린 3남매 키우느라 뼛골이 빠진 언니라고 울먹거렸다.

"하늘도 무심하세요."

이젠 교회에 그만 나갈 거라며 성미 씨가 스치듯 내뱉었다.

"착한 사람에게 오히려 벌을 주는 세상이에요."

공감은 타인에 대한 이해와 사랑에서 나오는 것

착한 사람이 복을 받는다는 말은 어디에서 나왔을까?

〈흥부전〉, 〈콩쥐팥쥐전〉, 〈심청전〉 같은 권선징악의 이야기들에 대한 색다른 견해가 있다. 지금까지는 권선징악의 구전문학이나 서사가 지배자가 피지배자를 쉽게 지배할 수 있도록 길들이기 위해 만든 것이라는 설이 우세했었다. 그런데 최근 선한 사람에게 혜택이 돌아가는 이야기가 세상에 널리 퍼진 이유에 대한 전혀 새로운 해석들이 나오고 있다.

가난한 흥부가 잘되고 놀부는 혼이 난다는 이야기 구조가 인류의 본성적 요구나 인류 진화의 역사와 맞닿아 있다는 설명이다. 즉, 권선징악의 서사는 인류의 본성에 잠재한 선의 의지와 소원을 드러내며, 그러한 진화 과정을 거쳐온 인류 전체의 상징물이라는 것이다.

진화심리학자들은 선의 진화에 대한 끔찍한 가설을 제공한다. 어째서 금수만도 못했을 인류의 조상들이 차츰 선한 마음을 갖게 되고 사랑과 이타성의 존재가 되었을까 하는 궁금증에 대한 깜짝 놀랄 만한 대답이다.

오래전 고대 인류 가운데는 공감 능력이 떨어지고 자기만 아는 부류가 많았다. 그런데 그런 부류는 집단생활에 방해가 되기에 인류의 조상들은 그들을 대단히 폭력적인 방법으로 제거하기 시작했다. 고대 법전에 남아 있는 죄인에 대한 살벌한 처벌이 그 흔적이다.

진화론자들은 공감 능력이 떨어지고 이기적인 존재들을 제거하기 위해 집단 살해가 자행되었을 것이라고 말한다. 그들은 현대인 가운데 사이코패스가 단지 1~2퍼센트 정도밖에 남지 않은 것을 그 증거로 제시한다.

'선은 살인을 통해 달성되었다.'

10여 년 전 석학들의 책에서 이런 이야기를 처음 접했을 때 나는 많은 생각을 했다. 서른 살 무렵, 우울증에 시달릴 때 내게도 살인 충동이 출몰했기 때문이다. 그것은 나를 불행하게 만든 부덕한 자들에 대한 구체적인 살의였다. 자살충동과 살인충동은 양극의 자석처럼 동시에 내 자아를 뒤흔들며 괴롭혔다. 당시 나는 내게 선한 마음이 없고 수양이 부족해서 그런 것이라 여기며 자책하기 일쑤였다.

석학들의 고견에 따르면, 나쁜 짓을 저지른 자에게 죽어도 싼 놈이라고 욕하고, 죽이려는 생각이 드는 건 인간적인 면이기도 하다. 이는 우리 유전자에 새겨진, 악한 자를 눈에서 사라지게 만들고픈 본성적 폭력이다.

미성숙한 아이나 청소년은 공감 능력이 부족하기 쉽다. 사람과의 온전한 교류나 소통보다는 스마트폰의 파괴적인 게임에 더 많이 노출된 청소년들은, 자신의 잘못으로 타인이 다치고 몹시 슬퍼하며 상처를 받을 수 있다는 사실을 인식하지 못할 때가 많다.

요즘 미국에서는 날아가는 비행기를 향해 레이저 총을 쏘는 사람들이 점점 늘고 있다고 한다. 주로 청소년들이 그 범인이다. 이런 일이 한 해에만 5,000 건이나 발생하는데, 레이저의 성능이 너무 좋아서 150킬로미터나 떨어진 상공까지 강력한 빛을 쏠 수 있다고 한다. 자칫하면 수백 명의 목숨을 앗아가는 대형 참사로 이어질 수 있기 때문에 사법 당국이 촉각을 곤두세우고 있다는 것이다.

비행기가 밤하늘을 날아가는 새처럼 느껴지고 레이저 총으로 비행기를 떨어뜨리고 싶어 안달이 나는 이유는 다 공감 능력, 아니 선한 마음이 부족하기 때문이다. 미숙한 자는 공감하기 어렵다. 공감 능력은 세상과 타인에 대한 폭넓은 이해와 지혜에서 나오는 까닭이다.

마지막 상담에서도 나는 성미 씨에게 말했다. 물론 나쁜 선배들의 영향이 컸겠지만, 아직 어린 탓에 공감하는 마음이 미처 영글지 못한 것이 큰 원인이었다고.

"그 여자아이가 겪을 마음의 상처를 조금이라도 미리 상상할 수 있었다면 그런 일은 도저히 저지를 수 없었을 텐데요."

그리고 영진이가 글쓰기 치료에서 쓴 '어머니께 너무나 죄송하고 미안하다'는 글을 내보였다.

성미 씨는 마지막으로 말했다.

"제가 더 자주 일러주고 가르쳤어야 했어요."

우리는 가끔 짐승만도 못한 사람들을 만난다. 아직 진화가 덜된 탓이다.

어른도 작은 상처에
넘어지면 아프다

철훈 씨는 마흔여섯, 나와 동갑이었다. 내 또래 남성이 상담을 받는 경우는 극히 드물다. 마음의 병이 있어도 술이나 체념, 화나 폭력으로 푸는 것이 그들의 생리다. 마음의 병을 드러내지 않고 곪아 터질 때까지 담아둔다. 참담하게도 아픈 마음을 죽을 때까지 숨기고 살아간다.

이러한 현실은 사회 지표로 여실히 드러난다. 정부 정책이나 사회적 노력 덕분에 자살자의 수가 꾸준히 줄고 있긴 하지만, 중장년층은 오히려 늘고 있는 실정이다. 보건복지부에 따르면 자살자 가운데 중장년층 비율은 2012년 60.1퍼센트에서 2013년 62.8퍼센트, 2014년 64.2퍼센트로 점점 증가하고 있고, 다른 연령층에 비해 그

비율도 높다. 중년에게 자기 마음 따위는 무시하는 것이 미덕인 세상이라 결국에는 이런 사달이 나고야 만다.

하지만 철훈 씨는 직접 상담가를 찾아보고 스스로 예약을 한 특별한 경우였다.

"상담하는 사람 가운데 남자가 거의 없더라고요. 남자 상담가가 필요했어요, 나를 이해해줄 만한 ……."

최근 아내와 자주 다투기 시작하면서 중년 여자들이 '끔찍하게 느껴진다'는 게 나를 찾은 이유였다. 그래서 자기 사정을 공감해줄 만한 같은 연배의 남자 상담가가 필요했다고 말했다.

물론 그 역시 보통의 40대들처럼 마음의 상처나 고통을 숨기고 외면하면서 살았다. 하지만 이번만은 참을 수가 없었다. 철훈 씨가 느끼는 우울감, 모멸감과 좌절감은 극심했다.

얼마 전 심장이 쿵하는 일이 한 번 있고 난 후 도무지 잠을 이루지 못하고 있었다. 알고 지내는 의사에게 수면제를 처방받아 먹어도 봤지만 소용이 없었다. 가슴 저 아래서 치밀어 오르는 화가 그의 심장을 매번 집어삼켰다.

철훈 씨는 이름만 대면 알 만한 강남의 한 대형 학원에서 사무장으로 일하고 있었다. 하지만 처남인 원장과 크게 언쟁을 벌인 후 그만두겠다는 말까지 하고 난 상황이었다. 학원의 대표이기도 한 아내는 이를 말렸다. 아니, 야단쳤다. '꼬박꼬박 월급 나오고, 일도 너무 편하기만 한데 조금 속상하다고 그만둔다는 게 가장으로서 할 말이냐'는 것이었다. 언쟁 후 그는 아내와 각방을 쓰기 시작했다.

"마누라라는 사람이 이렇게 내 편은 안 들어주고 알아서 기라는 식으로 말하니……."

이렇게 토로하고 감정이 북받쳐 오르는지 철훈 씨는 한동안 눈물을 글썽였다. 그의 속상함은 참고 넘어갈 수준이 아니었다. 그는 최근 들어 처남을 보기가 두렵다고 했다. 처남을 볼 때마다 가슴이 뛰고 불쾌한 마음이 한동안 진정되지 않는다고. 그래서 부러 피해 다닌다고 했다. 그런데 철훈 씨의 그런 행동이 처남의 못마땅함과 화를 더 돋웠다.

그 학원은 아내와 처남이 20년 넘게 애써서 일군 곳이다. 작은 학원을 인수해 이전을 반복하며 지금에 이르는 동안 숱한 고생을 했다. 철훈 씨 역시 초창기부터 안팎의 온갖 궂은일을 도맡아하며 학원의 성장을 도왔다.

이제 학원은 안정기에 들어서서 별 걱정이 없는 상황이었다. 처남이나 아내는 여전히 열성적으로 일했다. 두 사람 모두 한시도 일을 놓지 못하고 매달리는 일중독 성격이라고 했다. 두 사람에 비해 철훈 씨가 한가한 것은 사실이었다. 자신이 봐도 자신이 하는 일이 그리 많지는 않다고.

몇 해 전부터 처남인 원장은 이런 그를 못마땅하게 여겼다. 자신과 누나는 그날 해야 할 일이 정해져 있는데다 여전히 아등바등 일하는데 매형은 매일 팔자 좋게 놀고 있다고 생각한 것이다.

"사무장, 아니 매형이 학원에서 하는 일이 뭔데?"

몇 년에 걸쳐서이긴 하지만 이 말을 몇 번이나 면전에서 들었다. 물론 이런 지적에 몹시 마음 상해하는 철훈 씨의 성격에도 문제가 있었다. 그는 그 누구라도 자신의 단점을 말하는 것이 너무 싫었다. 그래서 남들이 말하기 전에 알아서 일을 처리하는 편이었다. 그는 늘 조바심에 시달리는 사람이었다.

"전 왜 조그만 지적도 듣기가 싫을까요?"

철훈 씨는 하소연이라도 하듯 자신이 지금 학원에서 맡고 있는 갖가지 일들, 홍보물을 만들고 비품을 구입하고 각종 시설물을 수리하고 관리하는 등의 일에 대해 구구절절 설명했다. 내가 보기에도 분명 그가 놀고만 있는 것은 아니었다.

잔뜩 마른 그의 체형은 작은 잘못이나 문제도 그냥 보아 넘기지 못하는 완벽주의 성향과도 관련이 깊어 보였다.

"어릴 때부터 문제였던 것 같긴 하네요. 직장생활을 2년 하다가 도저히 못하겠어서 아내와 처남 일을 돕기 시작했거든요. 사람들하고 어울리는 일이 항상 저한테는 힘들었어요."

대인관계 문제는 대개 소통에서 비롯된다. 철훈 씨는 입 다물고 묵묵히 할 일을 하면 언젠가는 알아주겠지 하는 유형이었고, 학원의 다른 직원들은 바빠서 정신이 없는 처남에게 자신이 이런저런 일을 하고 있다고 확실히 피력을 하는 편이었다. 서로 대화가 거의 없고 자기 피력이 힘드니 처남의 몰이해는 한층 깊어질 수밖에 없었다.

멀고도 먼
자신을 찾아가는 여행

상담이 몇 달 이상 진행되고 난 후, 내 조언에 따라 그는 처남과 단둘이서 속마음을 털어놓는 시간을 가졌다. 이 대화는 서로에 대해 몰랐던 사실을 알게 되는 좋은 계기가 되었다. 어색했지만 둘은 함께 산행을 하며 이런저런 이야기를 나누었다.

한 번 더 그 따위 소리를 하면 주먹으로 면상을 갈기겠다고 벼르던 철훈 씨는 처남과 함께 늙어가는 40대 가장의 어려움을 호소하는 사이가 되었다. 처남 역시 겉으로는 의연한 듯 보이지만 '학원을 운영하는 지인들이 어려움을 하소연할 때마다 자신 역시 위기감에 사로잡힐 때가 한두 번이 아니'며, '원생 수가 조금이라도 줄어들면 심장에서 쿵 소리가 난다'며 속내를 털어놓았다. 그래서 놀고만 있는 듯한 매형을 볼 때마다 더 울화가 치밀었다고 솔직히 고백했다.

스위스 정신과 의사인 칼 융의 '페르소나persona' 개념은 유명하다. 융은 사회적 관계 속에서 적응한 개인이 만들어내는 인격이 페르소나라고 설명한다. 그에 따르면 이 페르소나가 있기 때문에 우리는 생활 속에서 자신의 역할을 감당할 수 있고 주변 사람들과 상호 관계도 맺을 수 있다. 모든 개인은 사회적 삶이나 관계 속에서 가면을 쓰듯 사회적 인격을 형성한다는 의미이기도 하다.

나이가 들고 사회적 삶을 배우며 자신의 페르소나를 만들고, 우리는 인간관계라는 거대한 블랙홀에 빨려들어 간다. 때로 거기서 길을 잃고 영영 미아가 되고 마는 경우도 있다. 진실한 자기가 아니라 만들어진 자아로 서로를 대면하는 가면무도회는 말할 수 없이 복잡하고 답답한 곳이다.

학교에서 친구를 만나고, 직장에서 동료를 만나고, 누군가와 비즈니스를 진행할 때 우리는 주로 이 페르소나를 이용해 대면하고 일을 풀어나간다. 한국 40대의, 그것도 중년 남성의 페르소나는 견고하다. 그들은 감정 표현이 서툴고 무뚝뚝하며, 속마음을 드러내길 꺼린다. 얼굴엔 우울과 위기감이 상존하며, 그 가면은 굳은 표정에 불안으로 고조된 형상을 하고 있다.

최근 가면을 쓰고 등장하는 TV 프로그램을 자주 볼 수 있다. 페르소나는 우리를 위축시킨다. 가면은 페르소나로 굳어버린 얼굴을 가려주어 내 안의 속마음을 드러내도록 도와준다. 참 역설적이게도 우리의 얼굴은 가면이 되고, 다시 또 다른 가면을 써야만 마음의 빗장을 여는 처지가 되고 만 것이다.

성인들의 미술 치료를 진행해보면, 그들은 자기 내면을 표현하는 데 무척 서툴다. 무장해제를 시켜줄 만한 최면에 가까운 이야기를 몇 가지 하고 나면 비로소 마음속에 담아두었던 이야기를 그림으로 풀어낸다.

"우리 중년 남성들 참 딱해요. 어릴 때부터 성공하라는 압박에 시달리며 자기 내면을 살필 겨를 없이 시간이 지나고 마는 거예요. 사회적으로는 번듯해 보이지만, 자기 속마음은 도무지 모르겠는 거죠."

"맞아요. 그런 것 같네요."

"초등학교에 가기 전 좋았던 때를 한번 떠올려보세요."

철훈 씨는 다만 쉬고 싶은 것뿐이었다. 초가집 툇마루에서 어머니 무릎을 베고 자고 있는 '어린 시절의 나'를 그린 철훈 씨는 그림에 '인생은 어렵고, 옛 생각이 많이 난다'라고 적었다.

페르소나와 대극을 이루는 내적 인격을 아니마anima와 아니무스animus라고 정의한다. 아니마는 의식이 표현하지 않는 무의식적 여성성을, 아니무스는 무의식적 남성성을 대변한다. 아니마와 아니무스가 허락되지 않는 페르소나적이기만 한 삶은 우리를 고통스럽게 만든다. 세상은 아니마와 아니무스의 원형으로 가득 차 있지만, 우리는 심한 근시처럼 인간관계라는 협곡에서 헤어나지 못할 때가 많다. 페르소나의 삶은 진정한 자기를 희생시키며 형성되기 때문에 한 개인이 자신의 자아를 페르소나와 지나치게 동일시하면 본래의 자신은 마음속에 갇히고 만다.

철훈 씨에게 독서치료 치유서로《카네기 인간관계론》과 남성 우울증을 다룬《남자, 죽기로 결심하다》같은 책을 권했지만 그리 좋은 반응은 얻을 수 없었다. 그는 상담실 책상 위에 놓여 있던《데미안》에 몹시 관심을 가졌다.

"헤세는 융에게서 직접 심리 상담을 받았다고 해요. 그도 심한 우울증으로 고생했거든요.《데미안》은 페르소나에 갇힌 삶에서 벗어나 진정한 자기, 아니마와 아니무스가 뒤섞인 자아를 찾아가는 여정을 그린 작품이라 할 수 있죠."

"전 못 읽어봤어요. 학창 시절 몇 번 읽어보자는 생각이 들었는데, 뭐가 그리 바빴는지 늘 미루기만 했던 것 같아요."

대개의 심리 문제는 삶의 철학과 관계가 깊다. 많은 경우 마음의 병은 철학의 결핍에서 비롯된다. 닥치는 대로 자기 가치를 만들고 살아가다 보니 삶에 대한 회의나 통제력 상실을 맞는 것이다. 이럴 때는 궁극적으로 생의 철학을 다시 마련하는 근본적인 해결이 이루어져야 한다. 우리에게 인생에 대한 철학적 모색이 필요한 진짜 이유다. 철훈 씨는 마흔 넘어 처음으로 헤세의 소설을 읽었다.

《데미안》의 아래 구절은 그에게 많은 생각과 감정을 불러일으켰다.

> 붕대를 감을 때는 아팠다. 그때부터 내게 일어난 모든 일이 아팠다. 그러나 이따금 열쇠를 찾아내어 완전히 내 자신 속으로 내려가면, 거기 어두운 거울 속에서 운명의 영상들이 잠들어 있는 곳으로 내려가면, 거기서 나는 그 검은 거울 위로 몸을 숙이기만 하면 되었다. 그러면 나 자신의 모습이 보였다. 이제 그와 완전히 닮아 있었다. 그와, 내 친구이자 나의 인도자인 그와.
> —헤르만 헤세,《데미안》, 전영애 역

낙관성을 높이는
세 가지 방법

인생을 살아가는 데 있어 낙관성이 중요한 이유는, 당신이 긍정하든 부인하든 우리의 삶과 정신을 이끌어가는 에너지의 원천이기 때문이다. 아래 세 가지 방법은 낙관성을 높이기 원하는 내담자들에게 자주 권하는 방법이다. 읽어보고 실천해보길 권한다.

1. 나 자신이 가진 인간의 본성과 심리에 대해 공부한다

인간은 유인원에 가깝고, 신이 되려면 아직 한참 먼 미완성의 존재다. 대개 본성적 욕구에 충실하고, 자기기만을, 이기적인 선택을 밥 먹듯이 하는 저열한 습성을 가졌다. 그러나 이는 자신의 동물성을, 유인원에서 크게 벗어나지 못한 욕망 덩어리임을 인정하라는 뜻이 아니다. 자신이 거대한 자기 안의 맹수, 욕정의 괴물, 탐욕의 불꽃을 다스리는 조련사라는 사실을 항상 잊지 말라는 이야기다.

진화심리학을 배우면 좀 더 인간답게, 자기를 덜 속이며 살아갈 수 있는 방법을 찾기도 쉬워질 것이다. 어느 정도는 도무지 어쩔 수 없는 자신의 본성마저도 조금은 인정하면서. 로버트 트리버스의 《우리는 왜 자신을 속이도록 진화했을까?》 같은 책을 읽어보길 권한다.

2. 내 운명에 주어진 길을 자각한다

내가 인생에서 감당할 수 있는 몫은 절대 절반을 넘기 어렵다. 이 진리를 거역할 때 우리는 고통에 사로잡힌다. 우리는 왜 그때 더 열심히 하지 못했느냐고 자책할 때가 많지만, 열심히 할 수 없게 된 배경에도 나름의 이유가 있으며, 또 매사에 최선을 다하지 못하는 것이 인간이다. 가령 체력이 약한 사람은 오래 달리기 어렵다. 지나치게 뚱뚱한 사람은 잠시도 철봉에 매달리기 어렵다. 약한 의지력이나 집중력으로 만족할 만한 성과를 내기는 쉽지 않다. 그런데 그렇게 된 데도 다 나름의 연유와 맥락이 존재한다. 책임을 따져 면피하라는 말이 아니고, 부족하면 부족한 대로, 모자라면 모자란 대로 살아가는 지혜를 깨달으라는 취지다.

자기계발서의 허울 좋은 말은 그 저자조차도 그만치 하지 못한 가짜 조언의 잔치일 때가 많다. 그런 말에 귀 기울이기보다는 자신이 이루지 못한 일들에, 뜻하지 않는 상처와 역경에 지나치게 휩쓸리지 않는 평정을 키워나가길 바란다. 인생은 상처의 연속이며 우리의 임무는 다름 아닌 그 상처를 외면하지 않고 한껏 보듬는 것이다. 운명에 적응한다는 것은 내가 처한 모든 것에 대해 순연한 사랑의 마음을 갖는 것이다. 시인 윤동주가 암흑 같았을 젊은 날 이미 깨달았듯, '별을 노래하는 마음으로 모든 죽어가는 것을 사랑'할 수 있다면 그만인 것이다.

3. 낙관성을 키우기 위해 노력한다

낙관적인 사람은 수행력이 좋으며 인지 능력이 뛰어나고 시험 점수가 평균을 훨씬 상회한다. 심지어 면역력이 높고 오래 산다. 희망을 가진 노인과 희망이 없는 노인은 몇 배까지 생존율 차이를 보이기도 한다. 삶에 대한 낙관은 생을 지탱하는 원천이라고 할 수 있다. 마틴 셀리그만의 《긍정심리학》이나 《플로리시》는 그 이유와 원리를 이해할 수 있는 가장 합당한 교과서일 것이다. 좀 더 쉬운 책으로는 탈 벤샤하르 교수의 《해피어》, 소냐 류보머스키의 《행복의 신화》도 있다. 우리의 내면이 낙관적이고 희망적일 때 우리는 삶의 번영과 행복에 좀 더 집중할 수 있다.

낙관성은 부인하든 긍정하든, 자신의 생활과 정신을 이끌어나가는 에너지의 원천이다. 내일을 고대할 수 없다면 오늘을 살아갈 이유는 없다. 낙관성을 좀 더 높이기 위해 더 자신을 훈련하라. 언제나 지금보다 좀 더 강한 낙관성을 가지라. 그래야 조금 더 인생에 충실하고 조금 더 자신을 돌볼 수 있다. 낙관성을 키울 때 자신에 대한 고정적 사고를 하나씩 제거하고 변화하고 성장하며, 나날이 전진하고자 하는 마음의 원형을 절차탁마할 수 있다.

CHAPTER 5

|나는 부족한 나를 사랑한다|

사랑은 바위처럼 가만히 있는 것이 아니다.
사랑은 빵처럼 늘 새로 다시 만들어야 한다.

―

어슬러 K. 르귄

내 인생은 지금,
여기에서 결정된다

"현석 씨, 꼭 성공하지 않아도 괜찮아. 오늘을 행복하게 살면 돼."

"다들 말은 그렇게 하죠. 괜찮아. 지금 행복하면 돼. 근데 정말 세상이 그렇던가요?"

마음이 편해지라고 들려준 나의 위로가 꽤 못마땅했던 모양이다. 현석 씨는 곧바로 나의 말에 반감을 표시했다.

지방의 한 작은 중소기업에서 과장으로 근무 중인 현석 씨는 자신의 처지에 대해 비정상적일 정도로 비관적이었다. 그는 명문대를 나와 억대 연봉을 받는 친구들에 대해 여러 번 말하며 그들에 비하면 자기 삶은 완전히 실패라고 단정 지었다. 삼수까지 하면서도 끝내 원하던 대학에 입학하지 못한 것은 현석 씨를 괴롭히는 여러 가지 요인 중 하나였다.

"그때부터 단추가 잘못 끼워진 거죠. 바보처럼 세상을 잘 몰랐으니까요."

"바라던 대학에 가지 못한 것으로 인생의 성패를 논하는 건 옳지 않아요."

"하지만 구질구질한 제 삶을 한번 보세요. 선생님도 좋은 대학을 나왔으니까 지금 이렇게 상담가로 성공할 수 있었던 거 아닌가요?"

마음에 들지 않는 대학, 가고 싶지 않던 과에 진학한 그는 그 선택이 부모 탓이라고 했다. 그러나 몇 번 동행했던 현석 씨 어머니에게 들은 이야기는 완전 달랐다. 어머니는 그 말에 도저히 납득할 수 없었다.

"저흰 한 번도 경영학과에 가야 한다고 한 적이 없어요. 그냥 혼자 생각하고 그렇게 내린 결정이에요. 오히려 현석이 아빠는 심리학과가 아이 적성에 맞는 것 같다고 권했는걸요."

휴학과 복학을 반복하며 대학교를 졸업하는 10년 동안 현석 씨는 세상에 제대로 적응하지 못했다. 세상과의 불화는 여전히 그의 화두였다. 대학 시절과 동기들 가운데 친한 사람이 단 한 명도 없었고, 심지어 그 시절에는 연애조차 해본 적이 없었다. 술과 담배, 게임에 빠져 지내며 원치 않는 길로 달려가는 자신을 스스로도 막지 못했다.

그러다가 친척 한 분이 졸업하고 백수로 지내는 그를 지금의 회사에 소개하면서 직장생활을 시작했다. 여전히 불만이 가득했지만, 달마다 꼬박꼬박 월급이 들어오면서 그나마 삶이 조금 편안해졌다고 했다.

우울증을 앓으면 환상과 변명이 는다. 현석 씨는 끊임없이 변명을 만들어내고 또 이를 주변 사람들에게 말하며 괴롭히고 있었다. 그는 잘못된 선택과 결과가 다른 사람이나 다른 일 탓이라고 끊임없이 변명했다.

심리학과에 가고 싶었던 만큼 취직하고서 최근 몇 년간 그의 주된 취미는 심리 서적을 사서 읽는 것이었다. 그는 범죄심리학이나 성격심리학, 인간의 악마성 등을 다룬 서적을 제법 많이 읽었다. 하지만 그의 독서는 편향적이었다. 상담을 하면서도 자신의 심리학 지식을 들어 반박할 때가 많았다. 더 나쁜 것은 세상을 음모론적으로 보는 그의 시선이었다. 그는 사람들이 흔히 믿는 이야기가 사실 알고 보면 지배 권력이 대중을 기만하기 위해 꾸민 음모라는 논리를 자주 펼쳤다.

"혹시 《긍정의 배신》이라는 책 보셨어요. 선생님은 계속 긍정하라, 긍정감이 중요하다 하는데, 전 무조건 긍정을 말하는 것만큼 위험한 건 없다고 생각해요. 그 책에서도 긍정이라는 감정이 지배층이 못 가진 사람들을 달래기 위해 억지로 만든 거라고 말하죠."

"네, 읽었지요. 그리고 우리 삶이 좀 더 건강해지려면 부정적 해석이나 비판이 전혀 없어서는 안 될 일이죠. 100퍼센트 비관주의

보다 100퍼센트 낙관주의가 어쩌면 더 무서운 일이니까요. 예전에 베트남전에 참전했다가 포로가 된 이들 가운데서 가장 먼저 자살을 택한 부류는 100퍼센트 낙관론자였대요. 그들은 포로가 되자 내일이면 헬기를 타고 특수부대가 와서 자신들을 구출할 거라고 철석같이 믿었죠. 그런데 정작 다음 날이 되고, 며칠이 지나도 구출이 되지 않자 완전히 낙담하고 말았어요. 100퍼센트 긍정이 아니라 에드 디너의 표현처럼 83퍼센트의 긍정감이어야 해요. 우리가 삶을 건강하게 살아가려면 부정적인 마음보다는 긍정적인 마음이 더 많아야만 해요. 현석 씨가 말한 그 책은 충분한 근거나 연구 결과가 부족한 편이라고 생각해요."

"그럼, 혹시 《긍정의 오류》라는 책은 보셨어요? 그 책에서도 낙관주의자들은 비관주의자들보다 삶의 대책을 더 세밀하게 세우지 않아 오히려 실패하기 쉽다고 말하는데요."

긍정이라는 말에 대한 반감 때문에 그 나름대로 공부를 했던 모양이다.

"별로 유명한 책도 아닌데 보셨군요. 근데 현석 씨가 그 책을 끝까지 읽지는 않은 것 같아요. 그 책 역시 세상을 똑똑히 보려면 비관주의가 필요하다고 말하지만, 또 한편으로는 좀 더 양심적인 낙관주의가 필요하다고 말하고 있어요."

언젠가 현석 씨에게 찡그린 사람과 웃는 사람의 모습이 담긴 사진 한 장을 보여주었다.

"현석 씨 어느 사진에 더 눈이 가나요?"

"찡그린 사진에 신경이 계속 쓰이네요."

"잊지 말아야 해요. 우리 자신을 구성하는 많은 정신적 요소들이 여전히 비이성적이고 상당히 동물적이라는 사실을요. 현석 씨는 진화론을 믿는다고 하셨죠. 우리는 많이 진화했지만 여전히 많은 부분은 동물에 가깝답니다. 우리는 불안과 우울에 감염되기 쉬운 뇌, 유전자를 가지고 있어요. 그래서 어떤 대상이나 일, 사람에 대해 어느 정도 안심을 하고 편안해지려면 부정보다는 긍정의 감정이 세 배 이상 많아야 하는 거예요. 현석 씨가 지금 겪고 있는 문제들 역시 긍정보다는 부정적인 생각과 감정이 지나치게 많아서 생긴 겁니다."

그 후로도 성숙한 판단력을 가지면서도 긍정감을 확보하는 법은 과연 무엇일지에 대한 이야기는 계속되었다. 그와는 독서치료의 최고 고지까지 가본 것 같다. 그에게 권하고 읽게 했던 책만 해도 수십 권이 넘었다.

그는 늘 새롭게 배우는 것이 많아 정말 행복하다고 했지만, 보통 내담자보다 몇 배나 많은 공력을 들여야 하는 현석 씨는 나에게 여간 까다로운 상대가 아니었다.

긍정을 결코 배신해서는 안 된다는 생각에서, 현석 씨가 아직 읽어보지 않았다는 조너선 하이트의 《행복의 가설》과 《바른 마음》을 읽어보라고 처방했다. 그 역시 나처럼 이 책에 푹 빠지고, 매료되었다.

쉬운 책이 아니라서 보통의 상담에서는 치유서로 권해본 적이 없는 책이다.

언제 어떻게 난동을 부릴지 모르는 코끼리와 코끼리에 비하면 미약한 힘을 가진 기수, 즉 코끼리와 코끼리 등에 올라탄 기수의 형상으로 인간을 묘사하는 하이트의 인간 이해는 매력적이고도 설득력 있다.

생각 없는 코끼리를 올바른 곳으로, 이성이 원하는 방향으로 움직이게 하려면 많은 노력과 인내가 필요하지만, 하이트 교수가 내리는 결론은 대단히 긍정적이다.

그는 자신의 결론을 석가모니가 했던 말로 대신한다.

이전에 내 마음은 이기적인 욕망, 탐욕, 또는 쾌락이 이끄는 대로 방황했다. 그러나 이 마음은 이제 더 이상의 방황을 접고 조련사의 손에 길들여진 코끼리처럼 조화로운 통제의 손길 밑에서 평화롭다.

하지만 정작 현석 씨의 진짜 문제는 비관주의만이 아니었다. 문제의 본질은 세상을 바라보는 성공지상주의 관점, 그리고 자기 삶을 실패로 보는 믿음에 있었다.

나는 형처럼 그에게 이렇게 말해주었다.

"조금 틀려도 괜찮아요. 조금 모자라도 괜찮아요. 조금 불안해도 괜찮아요. 조금씩 나아지면 돼요. 세상 기준대로라면 현석 씨 나이 때 전 정말 아무것도 가진 게 없었답니다. 결혼해 아이가 있는데도, 한 달에 100만 원도 못 벌 때가 많았으니까요. 하지만 나는 참 괜찮은 사람이구나 하는 마음을 굳게 먹고 나니, 모든 게 다 괜찮았어요. 꼭 어떤 일에서 원하는 만큼 성공하라는 이야기가 아니에요. 자신이 원하는 방향대로 조금씩 움직이고 있다면 그게 더 멋진 거 아니겠어요?"

우리는 삶의 옳은 방향을 택할 때에만 행복할 수 있다. 나를 골탕 먹이고 끊임없이 힘들게 하던 내담자인 현석 씨는 지겨워하던 직장을 때려치우고, 얼마 전 서울 소재 한 대학의 상담대학원에 진학했다. 상담 말미에는 흐뭇하게도 나처럼 상담가가 되고 싶다는 포부를 밝혔다.

나는 그의 대전환이 내심 기뻤다. 이제 그는 자기 자신이 많이 괜찮아 보이기 시작한 모양이다. 합격 소식을 꼭 전하고 싶었다는 그의 음성은 분명 낙관주의자의 그것이었다.

무궁무진한 가능성의 입구로
들어가는 문

현석 씨처럼 나도 태어나 서른이 다 될 때까지 지독한 비관성에 젖어 있던 사람이었다. 성공에 몹시 목말랐던 시절, 생각했던 길이 막히면서 현석 씨보다 더 깊은 비관과 절망에서 헤어나지 못했다. 하지만 지금 당신이 마음에 기르고 있을지 모르는 큰 비관이란 그동안 만들어낸 작은 비관들이 모여 잉태된 생각의 괴물일 따름이다.

삶은 어느 정도 공평하다. 우리 인생은 오로지 비관적인 것도, 희망만 가득한 것도 아니다. 그러니 우리에게는 절망 가운데서 희망을 볼 줄 아는 똑똑한 눈이 필요하다. 비관의 먹구름이 작은 희망과 긍정의 세계를 뒤덮으려 할 때 우리는 힘을 내 저항해야 한다.

현석 씨에게 가장 큰 내적 변화를 가져왔던 책이 한 권 있다. 그는 이 책이 자신의 인생을 바꾼 한 권의 책이 될 것 같다고 고백했다. 나도 이 책을 통해 근래 들어 오랜만에 벅찬 감동을 느꼈다. 바로 아리아나 허핑턴의 《제3의 성공》이다. 다른 치유서와는 조금 다른 성격을 가진 이 책은 우리에게 무엇이 진정한 인생의 성공인가에 대해 묻고 답한다.

2005년도에 창간한 언론매체 〈허핑턴리포트〉는 〈뉴욕타임스〉나 〈월스트리트저널〉 같은 전통 미디어의 영향력을 뛰어넘는 미디어로 각광받고 있다. 창업자인 아리아나 허핑턴은 한때 누구보다 일에 미쳐 있던 워커홀릭workaholic이었다. 그녀는 일에 한참 빠져 있던 2007년 그만 과로로 실신한다. 그녀의 표현을 빌리자면 '결정타'를 맞은 것이다. 전에도 자주 몸과 마음이 경종을 울렸지만 그 신호를 무시하고 그녀는 과중한 업무로 자신을 밀어붙였다. 그녀는 쓰러지기 직전까지 한순간도 느긋하게 쉬지 못했고, 결국 손가락 하나 까딱할 수도 없을 만큼 녹다운되고 말았다.

허핑턴은 그 경험 이후에, 돈을 벌고, 남들에게 인정받아야 한다는 첫 번째와 두 번째 성공 원칙 대신 새로운 성공의 길을 고민하고 모색하기 시작했다. 그 생각을 갈무리한 결과가 《제3의 성공》이다. 이 책에는 돈이나 명예가 아닌 진정한 인생의 목표로 삼을 만한 후보들이 등장한다. 바로 웰빙, 지혜, 경이, 베풂이다.

그녀는 그중 '경이'에 대해 말하며 단 한 번뿐인 인생에서 일어나는 많은 기적들, 출생과 죽음, 성장과 노화, 인간을 넘어선 영성에 대한 관심과 감수성을 잃지 말아야 한다고 아래와 같이 조언한다.

언젠가 한 친구가 내게 "공간에는 네가 지금 찾는 문이 있고, 시간에는 네가 지금 기다리는 문이 있어"라고 말했다. 무궁무진한 가능성으로 들어가는 입구, 바로 그런 문이 지금 우리 눈앞에 있다.

현석 씨는 자신이 누군가의 삶에 좋은 영향력을 미칠 수 있을 것이라는 희망 덕분에 상담가가 되고 싶다는 생각을 했다고 한다. 이기심의 화신 같았던 그가 이타성의 꿈을 희망하게 되었다는 것이 감동적이었다. 이 글이 자기 안에 숨어 있던 그런 열망을 깨닫게 했다는 것이다.

허핑턴은 인류가 이기심이 아니라 이타심, 부정적인 세계 인식이 아니라 긍정의 관점이 있었기에 지금까지 존속할 수 있었을 거라고 단언한다. 긍정의 마음을 더욱 풍성하게 하고, 그것을 타인을 향한 사랑으로 이어가는 것은 우리가 결코 포기해서는 안 될 인생의 사명일 것이다.

어쩌면 우리가 품고 있는 성공의 방향은 아주 잘못된 것일는지 모른다. 그러니 다시 한 번 천천히 자신의 삶의 방향을 고민해보기 바란다.

나만큼 다른 사람도
소중한 존재라는 생각

괴물은 태어나는 것일까? 아니면 만들어지는 것일까? 뜬금없이 괴물 이야기를 하는 이유는 세상에 괴물이 없다면 생기지 않을 일이 끊이지 않는 까닭이다.

유진 씨는 남편에게서 갖은 욕설과 협박, 구타와 모멸을 당하면서도 결혼생활을 7년 넘게 유지했다. 남편은 사이코패스였다. 영화나 뉴스에서 나올 법한 일이지만, 그녀는 아이를 임신했을 때도 남편에게 여러 차례 폭행을 당했다. 임신한 배를 끌어안고 남편에게 폭행당하던 일을 떠올릴 때면 흐르는 눈물을 멈추지 못했다.

조심스레 그 기억을 물었을 때, 그녀 표정은 금세 두려움으로 가득 찼다.

"무서웠어요. 지옥이 따로 없고…… 악마처럼 느껴졌어요."

그녀의 이야기에 사르트르의 '타인이 곧 지옥'이라는 말이 문득 떠올라 오랫동안 뇌리를 떠나지 않았다. 나와의 상담에서 겨우 용기를 낸 그녀는 국가가 운영하는 쉼터의 도움을 받았다. 그리고 어느 날 어린 딸과 그곳으로 피신해 극적으로 그 남자의 마수에서 벗어날 수 있었다. 이후 국선 변호사의 도움을 받아 이혼 소송을 진행하는 동안 몇 차례 전화를 걸어온 그녀는 여전히 두려움에서 벗어나기가 힘들다고 했다.

유진 씨는 나와 상담을 시작한 후 죽을 용기를 내, '당신과 이혼하고 싶다'는 이야기를 남편에게 몇 차례 꺼냈다. 그러나 그것이 빌미가 되어 나는 그 인간에게 괴롭힘을 당해야 했다. 무작정 내가 일하는 심리센터로 찾아와 트집을 잡고, 억지를 부리는 일이 한두 번이 아니었다.

괜찮은 직장에 다니는 남편은 겉으로는 흠잡을 데 없는 사람이었다. 사이코패스는 의외로 우리 주변에 흔하다. 인구 100명 가운데한 명이 여기에 해당한다. 또 남성의 비율이 여성에 비해 훨씬 높다. 성공한 인물 가운데도 사이코패스는 많다. 영국에서 이루어진 대기업 임원들에 대한 연구에서 상당수가 사이코패스 성격과 일치하는 것으로 나타났으며, 병리학적으로 사이코패스에 해당하는 사람도 3.5퍼센트나 되었다. 이후 그들에게는 '양복 입은 뱀'이라는 호칭이 붙었다.

그는 내게 빚을 받으러 온 채권자처럼 굴었다. 당연히 자기 행동을 고칠 마음도 전혀 없었다. 내게 자신이 누리는 '아무 문제없는' 일상에 개입하지 말라는 경고와 협박을 시작했다. 그는 아내의 상처와 고통에 대해 눈곱만큼도 공감하지 못했다. 당신 아내가 얼마나 힘들고 고통스러웠을지 상상해보라는 말에 전혀 수긍하지 못했다. 오히려 내가 자신의 안정된 일상을 망치고 있다며 분노를 감추지 못했다.

"아무 문제없는 남의 인생에 참견하지 말라고."

"문제가 없다고요? 아내는 당신 때문에 지금 심각한 우울증 상태입니다."

"지가 병신 같아서 생긴 거지……."

아내를 때린 사실조차 부인하다가 몇 번 으르고 위협적인 발언(법적인 방법을 동원할 것이라는)을 퍼붓자 겨우 아내를 '실수로' 몇 번 때렸고, 그것 역시 모두 아내가 밥 먹듯 거짓말을 하며 심한 실수를 저질렀기 때문이라고 변명했다. 과연 무엇이 임신한 아내를 폭행할 만큼 심한 거짓말이고 실수란 말인가? 아무리 그렇다 해도 그게 폭행의 정당한 근거가 될 수 있단 말인가?

결코 상담이 아니었던, 오히려 인질 협상에 가까웠던 그자와의 대면에서 나는 '아! 사이코패스와 대화하면 이렇게까지 사람이 분노할 수 있는 것이로구나!' 하는 심정을 곱씹고, 또 곱씹어야 했다.

우리 안의 악마를
몰아내는 일

자폐성과 공감 능력에 대한 연구로 명성을 얻은 영국의 심리학자 사이먼 배런코언은 《공감 제로》에서 타인의 마음을 읽을 수 없는 마음맹인을 크게 두 가지로 나눈다. 하나는 자폐증이나 야스퍼거증후군같이 타인들에게 해를 끼치지 않는 착한 공감 제로 유형이고, 다른 하나는 뇌나 정서, 인격이 손상되어 타인의 마음을 한껏 무시하고, 자신의 이득이나 욕심에 따라 아무렇지도 않게 타인을 해하는 부정적 공감 제로 유형이다.

그는 부정적 공감 제로를 다시 세 가지로 나눈다. 먼저 혼자 있는 것을 견디지 못해 항상 누군가와 함께 있으려 하지만, 막상 자기 곁에 다가온 사람을 폭력적으로 밀쳐내거나 혹은 병적으로 매달리는 경계선 성격장애 유형(B유형), 자신의 욕구를 만족시키기 위해 무슨 일이라도 저지르고, 자신이 느끼는 아주 사소한 일에도 폭력적인 반응을 보이는 사이코패스 유형(P유형), 대단히 자기중심적이며 타인에게 불쾌감을 주는 말과 행동을 일삼으며, 자기 말만 장황하게 늘어놓은 나르시시스트 유형(N유형)이다.

배런코언은 기존 정신의학이 이들을 서로 다른 성격장애 유형으로 나누기만 할 뿐 공감 제로라는 그들의 핵심 공통점을 간과하고 있다고 설명한다.

그는 특히 부정적 공감 제로는 타인에게 공감하고 타인의 아픔을 슬퍼하고 측은하게 여기는 뇌 부위의 기능이 손상되었거나 기능하지 않기 때문이라고 설명한다. 그 원인은 다양할 수 있다. 지금까지의 심리학계에는 부정적 양육과 환경의 영향 탓이라는 믿음이 확고했다. 여전히 환경에 의한 영향을 무시할 수 없지만, 부정적 공감 제로의 원인은 유전적 측면 또한 강하다.

우리가 공감 능력을 발휘할 수 있는 것은 우리 뇌의 안쪽앞이마겉질, 눈확이마겉질, 이마덮개 등의 부위에 분포한 공감회로 덕분이다. 그런데 이 복잡하고 중요한 공감회로가 유전적 원인들, 즉 호르몬과 관련된 몇몇 유전자가 결여되거나 일부 뇌 부위의 기능 저하가 발생하면 사라질 수 있다고 한다. 이는 상당히 도전적인 주장이다.

배런코언은 환경 요인이나 유전자 중 하나에만 원인을 돌리는 것은 부당하며, 좀 더 신중하게 생물학적 요인과 심리적 요인의 상호작용을 점검하라고 당부한다.

인간이 가진 타고난 유전적 결함을 극복하기는 극히 어렵지만, 공감회로를 활성화하는 양육 조건을 만들기 위한 노력은 얼마든지 할 수 있다. 문제는 개인의 마음맹만이 아니다. 세상 전체가 점점 공감 능력을 상실하고 있다. 사회 곳곳에서 공감 능력을 상실한 인간, 행위, 사태들을 비일비재하게 목격한다. 사회 전면에 공감의 침식이 일어나고 있는 것이다. 진성 사이코패스는 1퍼센트도 안 되지만, 집단이 만드는 사이코패틱한 광기나 사태는 그보다 일상적이고 비일비재하다.

사이코패스라는 단어를 떠올릴 때마다, 세월호의 기억이 마음을 짓누른다. 세월호 사건에서 우리는 악마를 보았다. 책임자들은 사건 전에는 평범한 사람들로 불렸지만, 세월호 침몰과 함께 밤하늘을 날아오르는 흡혈귀처럼 악마의 형상을 펼쳐냈다.

평범하고 선량한 독일인이 광기에 휩쓸리며 수백만의 유태인을 지옥으로 밀어 넣은 저승사자로 돌변했듯, 우리는 세월호를 통해 우리 안에 스며든 악마를 볼 수 있었다. 배런코언은 공감 제로가 집단적 현상으로 드러난 사건이나 그 원인을 '악'이나 '공감의 침식'이라고 표현한다. 우리는 때로 이렇게 우리 안의 악마와 마주해야만 한다.

누구를 탓하겠는가? 그들의 잘못만이 아니다. 우리는 이미 우리 안에 악마를 키우고 있다. 가령 자신의 자녀에게 남 따위는 신경 쓰지 말라고 으르고, 누군가를 기필코 이겨서라도 저 혼자 성공하는 것을 독려한다면 악의 전도사를 길러내는 것과 마찬가지다. 그래서 우리는 지금 이미 돈 몇 푼에 사람을 한낱 물건처럼 대하는 괴물로 변해 있는지 모른다.

'너'를 '온전한 한 인간'이 아닌 '사물이나 돈'으로 바라보는 습속이 사회를 지옥으로 만들어가고 있다. 악이 지독히 평범한 이유는 이 때문이다. 더욱더 나쁜 일은, 타인의 마음을 느끼면서도 작은 자기 이익 때문에 이타성의 스위치를 수시로 끄면서 스스로를 공감 제로의 인간으로 단련해왔다는 사실이다. 우리 삶이 이토록 힘들어지는 이유 역시 경제적인 어려움을 비롯한 외적 요인 때문이라기보다는 근본적으로는 사회공동체의 공감회로가 점점 손상되어가고 있기 때문이다.

타인의 마음에 눈감은 대가는 참혹하다. 사회 안에 위협적인 절벽들을 수없이 양산했고, 어느 순간 작은 소동으로도 벼랑 저 아래로 떨어질 수 있는 위태로운 지경에 도달해버렸다.

맹자는 '측은히 여기는 마음이 없다면 사람이 아니고, 옳지 않은 것을 부끄러워하고 미워하는 마음이 없다면 사람이 아니며, 남에게 사양하는 마음이 없다면 사람이 아니고, 옳고 그름을 가리는 마음이 없다면 사람이 아니다'라고 말했다. 가슴에 손을 얹고 스스로를 반성할 때 우리는 다시 선함을 되찾을 수 있다. 서로를 아끼고 타인의 보듬으며 공동성을 가꾸고자 하는 내 안의 깊은 본성을 회복할 수 있다.

포기하는 것도
습관이다

연희 씨는 최근 공무원 시험을 준비하다가 포기하면서 급격히 우울해졌다. 급성 우울증이었다. 막상 포기한다고 말을 뱉어놓고 나니 자신이 이제 아무짝에도 쓸모없는 사람 같아 견딜 수가 없었다.

최근 들어 젊은 친구들에게서 연희 씨처럼 '포기할 건 빨리 포기하는 게 잘하는 일'이라는 말이나 태도를 자주 발견한다. 정말 포기해야 할 일을 포기하는 거라면 괜찮지만 도피심리나 자기 비하 때문에 그럴 때가 더 많은 듯하다.

힘차게 도전해보면 좋을 것 같은데도 그 일은 애초 자신과 맞지 않았다고 말한다. 이솝우화 〈여우와 덜 익은 포도송이〉의 여우가 딸 수 없는 포도를 보고 '그 포도송이들은 아직 덜 익었어'라고 말하듯이 말이다.

습관적인 포기 역시 학습의 결과다. 스스로 포기하는 마음을 키우다기보다 세상에 의해 매번 포기를 강요받다 보니 습관이 되어버리고 마는 것이다. 연희 씨 역시 요즘 N포 세대의 전형 같았다. 물론 상담을 거듭할수록 연희 씨가 공무원 시험을 포기한 건 참으로 잘한 일이라는 생각이 들었지만 말이다.

좋은 대학을 나오지 않은 연희 씨는 졸업 후 여러 직업을 전전하다가 3년 정도 한 직장을 다녔다. 하지만 그 회사는 월급이 꼬박꼬박 나온다는 점을 빼고는 마음에 드는 것이 하나도 없었다. 국제통상학을 전공했지만 지금까지 그녀가 해왔던 일은 그와는 전혀 상관이 없었다.

연희 씨가 작심을 하고 공무원 시험을 준비하기 시작한 것은 서른이 다가오던 연말부터였다. 몇 년 탈 없이 다니던 회사가 망하고, 졸지에 실업자가 되면서 연희 씨는 좀 더 안정적인 직업을 가져야겠다는 생각을 하기에 이르렀다.

"수능을 다시 쳐 약대를 가볼까 하는 생각도 했고요. 물리치료사 자격증을 딸 수 있는 전문대에 다시 입학할까 하는 생각도 했어요. 아니면 적당한 남자를 만나서 시집이나 갈까 하는 생각도 해봤죠. 그런데 도저히 그건 안 되겠더라고요."

"제 생각도 그래요. 사랑하는 사람을 만나 결혼하는 건 삶의 영역이고요. 오랫동안 할 수 있는 자기 일을 찾는 건 일의 영역이지요.

서로 섞을 일이 아니에요. 그렇게 두 영역을 견주면서 넘나들 수 있다고 생각하는 세상의 상식이 실은 잘못된 거죠."

"그렇죠. 취집 같은 건 아직 용납할 수 없어요. 그런데 말이죠, 선생님……."

감정선을 잘 지키던 연희 씨가 갑자기 울음을 터뜨렸다. 몇 분을 엉엉 울고 나서 깊은 한숨을 쉬듯 속상한 마음을 겨우 꺼냈다. 자존심을 지키며 누구에게도, 절친에게도 하지 않은 이야기라고 했다.

"그런데 며칠 전 아는 분이 소개해준 맞선 자리에 나갔어요. 그 사람이 직장도 안정적이고 하니까, 그 사람 마음에 들겠다고 속에도 없는 소리를 하고, 온갖 내숭을 떨고 있는 내가……."

맥이 풀린 목소리로 연희 씨는 절망스러운 자신의 상황을 하소연하고, 또 스스로를 비하하는 말을 속사포처럼 쏟아냈다. 그 발언을 기점으로 나는 그녀의 조금 더 깊은 속내에 다가갈 수 있었다.

정말 그녀에게 필요한 것은 마음 상하지 않으며 할 수 있는 일, 자기에게 잘 맞는 일을 다시 찾는 것이었다. 그래서 그녀와의 우울증 상담은 어느새 진로 상담이 되어버렸다. 몇 가지 적성검사와 함께 다중지능 검사와 기타 성격검사를 하며 연희 씨에게 맞을 만한 직업을 찾아보았다. 새롭게 접한 사실 가운데는 자신에 대해 이미 잘 아는 내용도 여럿 있었지만, 전혀 뜻밖의 사실도 제법 많았다.

서른세 살, 아직 젊고 희망이 가득해야 할 처녀는 깊은 절망과 자괴감에서 헤어나지 못했다. 하지만 조금씩 자신의 미래에 대한 설계도를 적어가며 기운을 되찾아갔다.

어느 날 나는 연희 씨에게 자기 삶에서 후회스러운 것들에 대해 적어보라고 했다.

"우선 좀 일찍 자신에 대해 생각해보기 위해 노력했다면 좋았겠다 싶어요. 너무 다른 사람 생각과 감정에 신경 쓰다 보니 나 자신에 대한 생각을 소홀히 했던 것 같아요."

연희 씨는 그렇게 상담 때마다 힘겹게, 하지만 의미 있게 자성의 글을 적었다. 그리고 연희 씨의 고백은 대개 심리적 어려움을 겪는 사람들이 가진 일반적인 삶의 문제들이었다. 진로는 평생을 따라다니는 문제이기 때문이다. 연희 씨는 살면서 이렇게 깊이 있게 자기 자신에 대해 생각하고, 또 적어보는 것이 처음이라고 했다.

연희 씨의 다중지능 검사에서는 자기성찰지능이 유독 낮게 나왔다. 나는 타인의 요구와 감정에는 충실했지만 자기 가치와 자아성찰은 다소 등한시했던 것 같다고 분석을 해주었다. 사람들과의 교류와 정서적 관계를 너무나 좋아하고 즐기는 그녀가, 고시 공부를 하면서 친한 친구들과 멀어졌던 것 또한 우울증의 한 원인이었다. 아주 친한 친구들에게조차 도저히 자신이 다시 공무원 시험 준비를 하고 있다고 말할 수가 없었다. 부모님 빼곤 만나는 사람이 하나도 없는 상황 역시 그녀를 더 지치고 힘들게 했었다.

'나는 최근 들어 나 자신에 대해서 깊이 생각하고 자신을 발견하

기 위해 노력하고 있다.'

몇 달 만에 얻는 그녀의 결론은 무척 고무적이고 긍정적이었다.

내 삶을 구조할
유일한 사람은 바로 나

어느 날 그녀는 앞으로 어떻게 살아갈 것인가에 대해 자신이 생각한 구체적인 계획을 들려주었다.

"자신에 대해 확실히 아는 것이 없으니까 잠깐 해보고 생각했던 일이 이루어지지 않으면 내게 맞지 않다고 생각하고 쉽게 포기하게 되는 것이죠."

"그랬던 것 같아요. 항상 조금 하다가 싫증 나면 다른 일을 찾곤 했어요. 그러다 보니 뭐 하나 똑 부러지게 잘하는 게 없었고요. 그래서 나이 서른이 넘도록 내가 정말 원하는 게 뭔지도 몰랐던 것 같아요. 지난번 들었던 신해철 노래처럼요."

상담 전 주에 나는 그녀에게 신해철의 〈니가 진짜로 원하는 게 뭐야〉라는 노래를 들려주었다. 노랫말 가운데 '니가 진짜로 원하는 게 뭐야……. 그 나이를 (처)먹도록 그걸 하나 몰라'라는 대목이 나온다.

그런데 그게 꼭 연희 씨의 잘못만은 아닐 것이다. 교육 연구가들은 현대 교육의 근본적인 모순 때문이라고 말한다. 개개인이 가진 특성과 자질에 맞는 삶의 대안을 함께 고민하고 찾아가는 교육이 아니라 세상에 존재하는 상식을 폭력적으로 강요하는 산업사회의 교육 시스템이 수많은 길 잃은 양을 만들어냈다는 것이다.

잘 진행되던 연희 씨와의 상담 역시 초반에 한 번 큰 위기를 맞은 적이 있었다. 그녀가 갑자기 상담받기 싫다며 한 달 넘게 상담을 거부한 것이다. 나는 전화를 걸어 왜 갑자기 오기가 싫어졌느냐며 자초지종을 물었다. 그녀는 다만 생각할 시간이 좀 필요하다며, 아니 상담은 그만 받아도 될 것 같다는 판단을 내렸다고 했다.

하지만 한 달 만에 다시 상담 신청을 하고 찾아온 연희 씨의 입에서는 짐작했던 이야기가 나왔다.

"네, 맞아요. 또 포기병이 도진 거죠. 잘 아시잖아요. 선생님이 제게 바라는 새로운 실천, 행동, 이런 걸 감당하기가 힘들었어요. 제 속마음은 사실 상담할 때마다 '그걸 어떻게 하라고'였어요. 속으로는 '날 잘 모르나, 내가 어떤 사람인지 몰라서 이러는 거지' 하는 생각을 하고 있었던 거예요."

나는 연희 씨에게 다른 어떤 일보다 운동이나 산책부터 시작해보라고 했다. 그리고 자기 고백적 글쓰기 정도를 권했다. 그녀는 그런 내 요구가 힘에 부쳤다고 했다. 포기가 습관화된 자신이 힘을 내서 새로 무언가를 시작한다는 게 몹시 두렵고 벅차게 느껴졌다고 했다. 특히 아침마다 트레이닝복으로 갈아입고 산으로 나서는 일이 너무 버거웠다고.

"세계 3대 심리학자로 꼽히는 월터 미셸이라는 심리학자가 있어요. 유명한 마시멜로 실험을 진행한 분이기도 한데요. 그분이 그간의 연구를 정리하면서 쓰신 책에 이런 말이 나와요. 우리가 아는 마시멜로 테스트와는 차이가 나는 결론이지요. '나는 생각한다. 고로 나는 바뀔 수 있다.' 어떤 습관의 옷을 입고 있으면, 그걸 떨쳐내기란 참 쉽지가 않지요. 하지만 포기가 습관이 된 마음은 어쨌든 버려야 해요. 조금만 힘을 내요. 우리."

그 말에 그녀가 힘을 내 매일 뒷산에 오르는 등산을 실천하기 시작했다. 상담 빈도가 한 달에 한 번 정도로 바뀐 그녀는 몇 달째 그 일을 계속했고, 드디어 쉽게 포기하지 않는 마음이 자신에게도 생겨나고 있다고 했다.

직업 탐색을 하며 새로 발견한 직업인 아로마 테라피스트가 되려면 여전히 길고 긴 여정이 남았고, 사람들과 교류하는 장으로 다시 나아가려면 많은 실천이 필요할 테지만, 그녀는 단지 매일의 등산만으로 한껏 희망에 차 있었다.

"이젠 누가 뭐래도 쉽게 포기하지 않을래요."

서로의 다름을 인정할 때
삶은 풍요로워진다

어느 날 20대 중반인 센터 실장과 대화를 나누다가 나는 절망적인 이야기를 들었다.

"어제 저녁에 경춘선을 타고 퇴근하는데 여든도 넘어 보이는 노인들이 서 있는데도, 젊은 친구들이 잠든 척도 안 하고 아무렇지도 않게 앉아 있더라고요."

나는 실장에게 그들이 자리를 비키지 않은 건, 단지 너무 피곤하다거나 양보하기 싫어서라기보다 약간은 의도를 지닌 행동 같다고 솔직한 내 속내를 전했다. 내가 아는 실장은 요즘 20대 치고는 양심 바르고 꽤나 착한 친구였다. 전에 있던 상담센터에서 일부러 이곳으로 데려올 정도로.

"원장님, 사실 친구들과 그런 이야길 몇 번 한 적이 있는데요. 기성세대는 우리에게 해주는 것도 없으면서 이것저것 요구하는 게 너무 많은 것 같아요. 사사건건 이래라 저래라 하는 게 그냥 싫은 거예요. 저도 그래서 일부러 그런다는 친구를 자주 봐요."

그날 나는 머리로만 생각했던 일을 체감하기에 이르렀다. 우리 사회의 세대 간 갈등과 이질감이 이미 돌이킬 수 없는 수준까지 나아갔구나 하는. 그리고 영화 〈설국열차〉처럼 어쩔 수 없이 같은 열차에 타고 있을 뿐, 서로 섞이지 않는 물과 기름처럼 변해 서로에게 가슴 아픈 말과 태도 보이기를 멈추지 않고 있구나 하는 생각이 묵직하게 스쳐 지나갔다.

정남 씨와 그의 아들 경환 씨 사이가 그랬다. 둘 사이에는 팽팽한 긴장감이 감돌았다. 아들이 못마땅해 죽을 것 같은 아버지 정남 씨와 자신의 일에 사사건건 반대부터 하는 아버지에 대해 깊은 불신을 가진 경환 씨는 내담자의 가족이었다. 그리고 심한 우울증으로 몇 차례 자살 시도를 했던 은경 씨는 정남 씨의 딸이자 경환 씨의 동생이었다.

은경 씨의 개인 상담이 어느 순간 자연스레 가족 상담이 되었다. 은경 씨의 우울증만이 문제가 아니었다. 오래전부터 정남 씨는 분노조절장애와 강박증이 심했고, 경환 씨에게도 충동조절장애가 있었다. 물론 그들은 개인 상담을 한사코 거부했다.

그러던 어느 날 경환 씨가 동생을 데리고 상담실을 찾았다. 마침 다음 상담이 취소되어 경환 씨와 이야기를 나눌 수 있었다. 은경 씨 만큼은 아니지만 그도 충동조절장애로 어려움을 겪고 있었다. 나는 지금처럼 본인을 방치하는 것은 옳지 않다며 치유를 위해 좀 더 노력하라고 당부했다. 돌아온 그의 대답은 충격적이었다.

"제 병이 나으려면 아버지가 없어져야 해요. 빨리 죽으면 나을 거예요."

경환 씨는 자신이 최근 아내와 이혼해 부모님 집으로 들어오면서 가뜩이나 갈등 많은 집구석에 불화의 도화선이 되었다고 시인했다.

"아버지와 나는 아무 공통점이 없어요. 같이 뭘 한다는 게 불편해요. 같이 있는 것 자체가 너무 싫은 사람이에요. 성적이 되는데도 지방에 있는 대학에 원서를 냈던 것도 아버지가 꼴 보기 싫어서였어요."

자신의 이혼에 관해, 매일같이 모자라고 어리석은 짓을 했다며 타박하는 아버지의 비난을 그는 더 이상 참지 못했다. 얼마 전에는 멱살을 잡고 육박전을 벌이는 지경에까지 이르렀다. 두 사람의 언쟁과 몸싸움은 심약한 은경 씨와 어머니가 밤새 한숨도 못 자는 원인이기도 했다. 육박전이 있던 날 은경 씨는 경기를 일으키며 쓰러졌고, 그 때문에 부자는 싸움을 겨우 멈출 수 있었다.

"우린 모든 게 다 달라요. 정치색까지 다르죠. 아버지는 골수 보수라 아무것도 따지지 않고 ○○당에만 투표를 하고, TV에서 야당이 무슨 일을 했다는 말만 나오면 쌍욕을 써가며 삿대질하기 일 쑤죠."

경환 씨는 아버지와는 정반대였다. 꽤 오랫동안 정치 블로그를 운영해온 그의 포스팅은 보수당인 정부 여당을 조목조목 비판하는 내용이 대부분이었다. 그는 내게 블로그 주소도 알려주었다. 이 가족의 상황은 내게 기성세대와 젊은 세대 간의 깊은 반목과 갈등의 축소판으로 다가왔다. 세대 간의 갈등이란 아마도 이렇듯 정서적이면서도 편견과 고정관념이 깊이 새겨진 양상이 아닐까 싶었다.

나는 그가 토로하는 아버지의 단점과 잘못에 대해 꽤 오랫동안 듣다가 겨우 내 생각을 몇 마디 건넸다.

"살아온 세월이 다르다 보니 생각도 다른 걸 거예요. 얼마 전 아버지와 이야기를 잠깐 나누었어요. 한눈팔지 않고 가족만 바라보며 살아왔는데, 이런 상황이 되니 자신이 무엇을 잘못했나 생각하게 된다고 하시더군요."

"그럼 자기 생각과 다르면 무조건 틀렸다는 생각부터 버려야죠. 자기부터 바뀌려고 노력해야죠."

경환 씨는 아버지를 떠올릴 때마다 분을 참지 못했다. 살의를 느끼는 듯 격한 분노의 표정에 사로잡히기도 했다.

그 후 경환 씨는 또 한 번 동생을 데리고 나타났다. 나와 조금이라도 이야기를 나누고 싶은 눈치였다. 나는 부부 갈등을 다루는 심리치료에 대한 이야기를 들려주었다. 갈등이 크게 증폭되어 애증으로 똘똘 뭉친 부부처럼 느껴지는 정남 씨와 경환 씨 사이에 어떻게든 화해의 기운이 감돌기를 바라며.

"부부 문제를 연구하는 사람들은 노력하면 풀릴 수 있는 갈등도 있지만 아무리 노력해도 해결될 수 없는 것이 있다고들 해요. 세상사가 다 그렇잖아요. 피부가 검은 사람이 피부 흰 사람에게 '넌 왜 피부가 그렇게 희니? 나처럼 검지 않고'라고 말해봤자 변하는 건 없잖아요. 발가락이 열다섯 개가 아니고 열 개인 것은 어떻게 해도 바뀌지 않지요. 세상에는 변할 수 있는 부분도 있지만 변할 수 없는, 아니 변하기 어려운 일도 있다고 생각하면 좋겠어요. 경환 씨나 아버지나 쉽게 변할 수 없는 일도 있다는 걸 받아들일 필요가 있어요."

"서로 같아질 수 없다면 갈라서면 되겠죠."

나 역시 경환 씨의 생각이 변하기 어려울 거라는 생각이 들 때가 많았다.

경환 씨 부부에게 치명적인 이혼 사유는 없어 보였다. 그 흔한 성격 차이였다. 그는 철두철미한 자신에 비해 게으르고 계획성이 부족한 아내를 참아줄 수 없었다. 어쩌면 자신이 살아오는 내내 아버지에게 당한 대로 아내를 판단하고 바꾸려 했는지도 모른다. 나는 강력하게 그 점을 지적했고 그 역시 아내가 덕성이 많은 여자였고 시인했다.

끝까지 포기하지
말아야 할 사랑

몇 달간의 상담은 지난하게 계속 이어졌다. 어느 날은 정남 씨와 또 어느 날은 경환 씨와 만나 이야기를 나누며 서로 오해하고 있는 부분을 풀어주기 위해 애썼다. 무엇보다 딸이자 동생인 은경 씨를 위해 서로 조금씩 마음을 열었기에 가능한 일이었다.

갈등의 골이 깊었던 가족 문제는 어느 순간 어이없을 만큼 쉽게 풀려나갔다. 나는 아버지인 정남 씨를 볼 때마다 아내와 자녀들에게 사과를 하시겠느냐고, 용서를 구해보겠느냐고 물었고 몇 달을 고민하던 정남 씨는 그리하겠다고 용기를 냈다.

가족 네 사람을 어렵게 한자리에 모은 날, 정남 씨에게 아들과 딸의 손을 잡고 전에 하겠다고 한 말을 해보시라고 했다. 당황스러워하는 딸과 아들에게 정남 씨는 용기 내어 말을 꺼냈다.

"미안하다. 경환아, 은경아, 모두 아버지가 모자라서 그런 거다. 조금 참고 따뜻하게 말했어야 하는데 그러질 못했다……."

그날 상담실은 울음바다가 되었다. 그리고 몇 달 지나지 않아 그들 가족은 평생 처음으로 가족 여행을 떠날 수 있게 되었다. 정말 별일 아니었던 것처럼 모든 것이 순식간이었다. 나는 가족 모두에게 내내 이렇게 당부했다.

"다들 나름의 개성과 취향을 가진 사람들이고 그런 특성은 쉬이 바뀔 수 없어요. 중요한 건 서로가 다르다는 사실을 진심으로 인정하는 겁니다. 그리고 대화와 표현 속에서 배려와 애정이 느껴지도록 힘쓰는 태도입니다. 사람 사이가 나빠지는 건 서로 다르기 때문이 아니라 다르다는 사실 때문에 상대를 혐오하고 마음 상하는 이야기를 계속하기 때문이에요."

다사다난했던 상담이 마무리될 즈음, 경환 씨는 아내를 찾아가 무릎 꿇고 용서를 빌었다. 다행히 아내가 마음을 열어줘 재결합 이야기가 오간다는 기쁜 소식까지 들을 수 있었다.

세상에 풀리지 않는 문제는 없다. 다만 풀려는 의지와 노력이 없을 뿐. 이들을 통해 나도 어떠한 어려움이 있더라도 끝까지 사람을, 사랑을 포기하지 말아야겠다는 생각을 하게 되었다. 이처럼 서로의 다름을 인정할 때 삶은 더욱 아름답고 풍요로워진다.

당신은 상처에
어떻게 반응하는가?

　얼마 전 독일에서 있었던 끔찍한 사건이다. 독일의 한 거리에서 남자들이 소녀를 폭행하는 일이 있었다. 그때 길을 지나가던 여대생이 이 장면을 목격하고, 이를 제지하기 위해 나섰다가 그만 그 가운데 한 명이 휘두른 둔기에 맞아 사망하고 말았다.

　이는 개인주의의 밀도가 높은 독일에서는 흔치 않은 일이라고 한다. 더욱이 길에서 마주친 누군가에게 어려움이 생겼을 때 직접 해결해주기 위해 다가서는 일은. 경찰에게 전화라도 걸어준다면 그나마 다행인 게 현실이다. CCTV에 잡힌 영상은 충격적이었다. 여대생이 덩치 큰 사내들을 제지하고, 또 둔기에 맞고 쓰러질 때까지 많은 사람들이 이 거리를 그냥 지나쳐갔다.

이 사건으로 독일 사회가 들끓었다. 그럴 만한 일이지만 그런다고 과연 세상이 변할까 싶다. 남의 일에 상관 않는 것이 현대인의 예의이니까.

외항선을 타는 정훈 씨는 맺힌 것이 많다는 듯 자신이 배를 타게 된 배경을 구구절절 설명했다. 배를 타는 일을 바랐던 건 아니지만, 예전의 생활에 비하면 한결 낫다고도 했다. 그는 마흔을 바라보고 있지만 미혼이었다.

전에 다니던 회사는 대기업의 하청업체였다. 그는 대기업 담당자를 만나 제품 공급을 의논하는 일을 맡고 있었다. 과장까지 승진도 했다. 그런데 그 일은 의논이라기보다 접대라고 해야 맞을 성질의 것이었다. 그는 그게 너무 싫었다. 특히 한 관계자와 계속 연락하고 또 만나 접대하는 일은 고난에 가까웠다.

정훈 씨 말대로라면 그 관리자는 몹쓸 사람이었다. 하청기업이라고 무시하고, 늘 무언가를 바랐다. 물론 그게 터무니없는 것은 아니었다. 어쩌면 한국 사회에서 흔한 접대와 뇌물, 아부였기 때문이다.

"여자들 나오는 술집을 정말이지 좋아하지 않아요."

"맞아요. 힘든 일이죠."

"그 새낄 만나면 늘 거길 가야 했어요."

작은 회사였지만 월급 한번 밀린 적이 없고, 다른 속물적인 남자 같으면 공금으로 흥청망청 여자를 끼고 술 마시고 노는 일이니 오히려 좋아했을 수도 있지만, 그에게는 그 일이, 그런 상황이 너무 끔찍했다. 인간이 싫어서 일이 더 싫어졌다.

한번은 그 담당자가 다른 부서로 가고 새로운 담당자가 왔다. 드디어 희망이 오는구나 기대에 부풀었지만, 새로 나타난 놈은 어디서 무슨 얘기를 들었는지 더 작정을 하고 덤비더란다. 그 사람에게 1년 정도 시달리다 급기야 심한 우울증까지 오고 말았다. 견디다 못해 6개월 가까이 정신과에서 약을 타먹기도 했다. 그리고 고민 끝에 회사를 그만두고, 대학 때 전공을 살려 배를 타게 되었다.

"뉴스를 보면 항상 똑같죠. 꼴 보기 싫은 새끼들 투성이죠."

"뉴스란 게 원체 불행한 일만 퍼뜨리는 속성이 있으니 더 그런 거죠."

"그런 인간들 뉴스를 들을 때면 배 타길 참 잘했다고 생각해요."

"그런가요? 꼭 그렇지는 않을 거예요. 비관적으로만 보는 건 정신건강에 나빠요. 마음이 병든답니다."

다행히 같이 일하는 지금의 동료들은 착하고 다들 양심적이라고 했다. 그가 배를 타는 생활이 차라리 낫다고 말한 이유는 일 때문이 아니라 사람 때문이었다. 하지만 그는 여전히 몹시 우울했다. 회사를 그만둘 때, 2년을 사귄 여자친구와도 헤어졌다. 그 일 역시 충격이었다. 자신보다 자신의 조건 때문에 만난 건가 싶어 상처를 많이 받았다. 극구 말리는데도 사표를 쓰자 여자는 당장 연락을 끊었다.

마침 아버지도 다니던 직장을 그만두면서 생계를 책임져야 할 상황이 닥쳤고, 그는 당장 일을 구해야만 했다. 다른 선택권이 없었다. 친척 문제도 그를 괴롭혔다. 그는 아버지 쪽 친척과 아예 만나지 않는 사정을 털어놓았다.

"구역질 나는 인간들이에요. 전에 아버지가 친가 쪽을 엄청 챙겼어요. 엄마가 그 때문에 많이 속상해하셨죠. 돌아가신 할머니, 할아버지한테도 극진했고, 그런 아들이 없지요. 그런데 일을 그만두고 경제적으로 전처럼 돕지 못하니까 형제나 친척들 반응이 싸늘해지더라고요. 결국 돈이었던 거죠."

그나마 자신 덕분에 부모님이 경제적으로 그리 힘들지 않아 무척 다행이라고 했다. 기꺼운 마음은 아니지만 그나마 그게 유일한 위안이라고 말했다. 그런데 얼마 전에 아버지가 아직도 그 인간들과 연락한다는 사실을 알고 나서 아버지와도 대판 싸웠다. 심지어 자신이 번 돈을 그들에게 건넸다는 사실에 치를 떨었다.

그는 살아갈수록 싫은 사람들만 늘어난다고 한탄을 쏟아냈다. 하지만 문제는 무척 정서적인 정훈 씨가 일과 남자들뿐인 배에서 공감이나 온정 없이 살기가 쉽지 않다는 것이었다. 하루는 성격검사 결과를 들려주며 그 안에 있는 욕구와 소망을 하나씩 같이 짚어나갔다.

"사랑의 욕구가 크시네요. 보통 사람들보다 무척 커요. 많이 사랑하고 사랑받고 싶으신 걸로 나오네요."

"그게 배에서는 힘들어요. 정해진 일만 하다가 언제나 지쳐 잠들기 바쁘니까요."

지난 몇 년간 여러 번 선도 보았고, 뭍에 있는 한두 달 동안 열심히 만난 사람도 있었지만 결혼을 결심할 만한 여자는 나타나지 않았다. 배를 탄다고 하면 나오는 반응은 뻔했다.

"어째 만난 여자마다 한결같더라고요. 제일 싫은 게 연봉이 얼마나 되는지, 언제까지 이 일을 할 수 있는지 묻는 거예요. 그 소릴 듣고 나면 좋은 감정이 조금 생기다가도 정나미가 뚝 떨어져요."

몇 달 지나면 다시 장시간 배를 타야 하는 상황이 반복되다 보니, 좋은 사람을 만날 기회는 더더욱 줄어들었다.

다행히 그가 천상배필을 만나 결혼을 하고 아이를 낳는다고 해도 지금처럼 멀리 타향에서 지내는 시간이 많은 일을 하면 힘들 것 같았다. 누구라도 그렇지 않겠냐마는, 그는 사랑하는 사람들을 두고 쉽게 배를 탈 수 있는 사람이 아니었다.

"다른 일을 알아보면 어떨까요?"

"그게 안 되니까 미치는 거죠."

나는 정훈 씨가 느끼는 현실의 무게를 듣고부터는 전직에 대한 이야기를 더는 꺼내지 않았다.

누군가의 동정과 연민을 바라며 살아갈 수는 없는 일이고, 또 그래서도 안 되겠지만, 세상은 참담할 정도로 냉혹한 곳이다. 마음으로는 절대 배에 타고 싶지 않지만, 배에 타야만 하는 그의 상황이 한동안 가슴을 먹먹하게 했다.

삶을 살아가게 하는
달콤한 꿀 한 방울

예전에 내 아버지는 어린 아들 셋을 앉혀놓고 불교에 나오는 우화 하나를 자주 들려주셨다. 〈안수정등安樹井藤〉이라는 유명한 이야기다.

옛날 한 사내가 길을 가는데, 갑자기 사나운 불길이 일어났다. 불길에 놀라 어쩔 줄 모르고 있는데, 난데없이 코끼리 한 마리가 나타나 사내에게 덤벼들었다. 사내가 도망치다가 우물 하나를 발견한다. 우물 아래로는 등나무 넝쿨이 하나 드리워져 있었다. 급한 마음에 넝쿨을 타고 우물 아래로 내려갔다. 그런데 우물 바닥에는 큰 구렁이 세 마리가 입을 벌린 채 사내를 기다리고 있었다. 위로 올라가려고 보니 머리 위에는 독사 네 마리가 혀를 날름거리며 사내를 기다리고 있었다. 넝쿨을 잡은 팔에 힘이 점점 빠지고, 얼마 안 있어 저 아래로 떨어질 것이 뻔했다.

그런데 엎친 데 덮친 격으로 넝쿨을 쥐들이 갉아먹고 있는 것 아닌가. 죽었구나 싶은 생각을 하던 차에 하늘에서 갑자기 꿀 한 방울이 떨어진다. 높은 나무 위에 있는 벌집에서 꿀 한 방울이 떨어진 것이다. 사내는 모든 것을 잊고 오로지 그 꿀 한 방울에 정신이 팔리고 만다.

아버지가 무슨 뜻으로 우리에게 그 우화를 들려주셨는지 이제는 조금 안다. 인생은 다만, 고통이다. 하지만 달콤한 꿀 한 방울에 기꺼이 만족할 줄 아는 심성도 필요하다.

정훈 씨도, 상담하는 나도 그 사내와 같은 심정으로 살아가기는 마찬가지다. 나는 달콤한 꿀 한 방울이 있어 우울하지 않을 수 있는 것이고, 그는 자신에게 단맛을 주는 꿀 한 방울이 없어 슬프고 고달픈 것이다.

나는 오늘도 달콤하기 그지없는 어린 아들의 잠든 얼굴을 바라보며, 얼음벽을 쌓아올린 냉혹한 세계를 내일 또 살아갈 힘을 얻는다. 정훈 씨에게도 이처럼 삶을 사랑하게 할 존재가 나타나길 바란다. 우리는 결국 서로의 어깨에 기대어 함께 살아가는 존재이므로.

내 삶을 바꿀
유일한 사람은 바로 나

"지금까지 뭘 하며 살았나 싶어요. 남보다 게으르게 살진 않았는데……."

"제 생각도 그래요. 지현 씨는 정말 열심히 살았어요."

세상에는 내 뜻대로 되지 않는 일이 대부분이다. 열심히 산다고 모두 잘사는 건 아니다. 지현 씨에게는 부모부터가 문제였다. 선택권이 있었다면 결코 만나고 싶지 않은 부모였다.

집은 가난했고 아버지는 주정뱅이였다. 부모의 불화가 끊이지 않았다. 힘들어서였겠지만 어머니는 아이들을 두고 밖으로 돌았다. 결국 외도까지 하며 가족 모두를 힘들게 했다. 지현 씨와 두 동생은 외롭게 어린 시절을 견뎌야 했다.

스무 살도 되기 전 지현 씨는 미련 없이 집을 떠나 상경했다. 닥치는 대로 돈을 벌었고, 부모에게서 떨어져 사는 것만으로도 다행이라 여겼다. 그렇게 20대를 보냈다.

서른두 살인 지현 씨는 유명 백화점 의류매장의 판매사원으로 일하고 있었다. 10년 차가 되면서 일도 익고 보수도 괜찮아져 사는 데는 지장이 없었다. 하지만 억지웃음을 지으며 싫은 고객을 상대하는 일은 여전히 버겁고 힘들었다. 평일에는 싫은 일을 하며 돈을 벌고 휴일에는 종일 컴퓨터를 하거나 드라마를 보면서 시간을 보냈다.

아픈 유년을 가진 사람들이 그렇듯 지현 씨도 결혼 생각이 없었다. 결혼이란 인생을 고통스럽게 만드는 바보 같은 짓이라고 생각했다. 아니, 바보 같은 짓이라기보다는 두려운 일이었다. 벌써 연애를 하지 않은 지 1년을 넘어서고 있었다.

예쁘고 호감 가게 생긴 지현 씨 주변에는 남성들이 끊이지 않았다. 그런데 이성과의 만남에서 그녀가 보인 태도나 행동이 범상치 않았다. 그녀는 사귀는 사람과의 관계가 깊어지면 싫증을 내고(어쩌면 두려움 때문에), 돌연 절교를 선언하고 막무가내로 헤어지려 들었다. 상대에게 절교를 선언하고 정나미 떨어지게 하는 노하우마저 있었다. 가령 한마디 말도 없이 휴대전화 번호를 바꿔버리는 것 같은 방법으로. 관계가 깊어질 것 같다는 느낌이 들면 불길한 일이라도 생긴 것처럼 안절부절못했다.

20대 후반부터는 일부러 결혼을 생각하지 않는 상대만 골라서 만났다. 어리거나 경제적으로 무능하거나, 단지 즐기기 위해 자신에게 접근하는 남자를 연애 상대로 골랐다. 1년 전에 헤어진 상대는 유부남이었다. 하지만 그 남자는 진지했고, 드라마의 주인공처럼 이혼을 하고 그녀와 결혼하겠다며 막무가내였다. 결국 상대 남자의 가정은 파탄 났고, 그녀는 죄책감에 시달려야 했다. 그 때문에 늘 잔존하던 우울감은 마음의 깊은 암흑으로 번졌다.

"뜻대로 되는 게 없어요. 서로 구속하지 않는 쿨한 관계였으면 했는데……."

"로빈슨 크루소처럼 외딴 곳에 살아도 부침이 생기는 게 인생인걸요."

"제가 어리석은가 봐요."

그것은 어리석음이라기보다 자기부정이었을 것이다. 아니, '어리석다'가 '어리다'에서 나온 말이라면 그녀는 과연 어리석었다. 그녀는 어른의 삶을 살지만 관계에 책임을 지고 싶지는 않았다. 누구도 책임지고 싶어하지 않았다.

유부남에게서는 여전히 문자메시지가 오곤 했다. 그녀는 자신에게 벌을 주는 의미로 일부러 번호를 바꾸지 않았다. 그 남자의 메시지를 볼 때마다 자책하고 또 자책하라고, 자신을 몰아세우기 위해 메시지를 계속 받으며 억지로 읽었다. 그녀가 보여준 메시지는 대개 '이제 이혼 수속을 마쳤다, 아이도 부인에게 넘겼다, 이제 너는 몸만 오면 된다, 사랑한다'는 내용이었다. 메시지 창을 가득 채운 글에서, 그것이 어떤 식의 사랑이든 그녀에 대한 갈망이 느껴졌다.

헤어지자고 한 후 몇 달은 가끔 만나 헤어져달라고 애원했고, 몇 달은 연락하지 말라고 답장을 보냈으며, 지금은 답장조차 하지 않아 남자의 애간장을 태우고 있었다.

"미치겠는 게 제가 그 사람을 아직 사랑한다는 거예요."

드라마라면 그 매너리즘에 치를 떨겠지만, 눈앞에 펼쳐진 그녀의 논픽션은 상처로 도배되어 가슴을 떨리게 했다. 어른의 세계는 이처럼 복잡하고, 꼬이고 꼬여 있다. 어른의 세계로 진입한다는 것은 뒤죽박죽으로 엉킨 이 모든 실타래를 책임지고 풀겠다고 작정하는 것이다.

원작 소설이 아닌 디즈니 만화영화로 처음 접한 사람들에게 〈피터 팬〉은 동심을 찬미하는 아름다운 이야기로 기억된다. 그러나 소설 《피터 팬》이 보여주는 세계는 다소 끔찍하다. 특히 피터 팬의 어른 혐오는 범상치 않다.

《피터 팬》의 이면을 다룬 〈허핑턴포스트〉(2015. 4. 30)의 기사는 작품 곳곳에 드러난 어른 혐오가 비정상적일 정도라 아이들에게 이 책을 읽혀도 될지 망설여진다고 말한다.

섬에 있던 소년들은 계속해서 죽어나갈 정도로 수가 많았다. 아이들이 성장하는 모습을 보이면, 다시 말해 규칙에 어긋나는 모습을 보이면 피터는 아이들을 솎아냈다.

물론 이 문장에는 여러 함의가 있지만, 평자들은 이를 피터 팬이 어른이 된 소년들을 죽였다는 뜻으로 받아들인다. 이 기사는 다음 구절도 유심히 보라고 조언한다.

피터는 자신의 나무 집으로 들어가자마자 짧고 빠른 숨을 1초에 다섯 번 들이마시고 내쉬었다. 이는 네버랜드에 내려오는 속담 때문이었다. 아이가 한 번 숨을 들이쉬고 내쉴 때마다 어른 한 명이 죽는다. 피터는 복수심에 어른들을 가능한 한 빨리 죽이기 위해 그렇게 한 것이었다.

《피터 팬》이 만들어진 배경과 관련된 여러 이야기 가운데 슬픈 사실도 있다. 작가 제임스 메튜 배리가 여덟 살 때 열세 살의 나이로 죽은 형을 기억하기 위해 이 작품을 썼다는 설이다. 형의 죽음으로 어머니가 심한 우울증을 겪자, 배리는 이런 어머니를 위로하기 위해 형의 옷을 입고 재롱을 피웠다고 한다. 이 작품이 배리가 겪었던 심리적 소인증(phychogenic dwarfism, 심리적 원인으로 키가 잘 자라지 않는 신체화질병)의 소산이라는 평가도 있다.

피터 팬에게서 영감을 얻어 피터팬 증후군이라는 말을 처음 쓴 사람은 임상심리학자 댄 카일리다. 그는 《피터팬 증후군: 결코 자라지 않는 남자들》에서 이 말을 처음 사용했다. 책은 70~80년대 미국

젊은이들, 특히 남성들 사이에 퍼졌던 '어른아이' 현상을 다루고 있다. 이미 어른이 되었음에도 성인으로서의 책임을 회피하려는 심리 증상을 칭하는 피터팬 증후군은 이 책이 베스트셀러가 되며 널리 회자되었다.

어떤 사람이 성인이 되었음에도 책임이나 행동을 기피하는 데는 그만한 이유가 있다. 대개는 부정적으로 각인된 어른의 이미지 탓이다. 아마 대한민국을 사는 사람 누구에게나 해당될 이야기다.

나와 당신을 위해 울리는 종

피터 팬이 된 지현 씨 사연을 듣는 내내 나 역시 아프고 안타까웠다. 가령 어머니와 바람을 피운 남자의 부인이 집으로 찾아와 자신과 동생들에게 행패를 부린 기억은 다시는 떠올리고 싶지 않은 것이었다. 그날 그 여자 입에서 나온 욕설을 그녀는 또렷이 기억하고 있었다. 그녀의 삶에는 '죽이고 싶도록 싫은 어른들'이 많았다.

"그런데 제가 또 엄마 같은 여자가 되고 말았어요. 그 아이들은 평생 저를 욕하겠죠"

많은 사람들이 유년 시절의 상처 때문에, 삶의 무게 탓에, 사회적 압박 때문에 어른이 되기를 포기한다. 범죄가 될 만한 무책임이나 악행이 아니더라도 어른 포기 범위는 다양하고 넓다. 작은 책임도

지기 싫어하는 마음은 삶의 범위와 지평을 축소시킨다.

감당해야 할 것이 많은 어른의 세계로 나아가기 싫어하는 사람들의 수가 점점 늘어나고 있다. 아니, 어른으로 사는 누구라도 피터 팬이 되고 싶은, 어른의 삶을 거부하고자 하는 마음이 꿈틀거린다.

내 스승인 정현종 시인의 시 〈섬〉은 '사람들 사이에 섬이 있다/ 그 섬에 가고 싶다'라는 짧은 두 행으로 이루어져 있다. 이 시를 처음 접한 대학교 1학년 때 나는 이 시를 《피터 팬》과 연결 지어 많이 생각했다. 당시 나는 어른으로 살아야 하는 책무와 소년으로 살고픈 퇴행 사이에서 방황하고 있었다. 심란하고 힘든 시절이었다.

선생은 이 해석을 그리 마음에 들어하지 않았다. 나는 속으로 왜 하필 '섬'이라고 했을까를 곱씹었다. 87년처럼 91년은 한 대학생이 시위 도중 죽으며 대학생들의 시위가 끊이지 않던 시절이었다. 많은 사람이 분신자살을 했고, 시위 도중 시위대에 깔려 죽은 여학생도 있었다. 적어도 내게는 폭압의 시절이었다. 동기, 선배들은 격앙되어 있었고 나에게 대학이라는 공간은 살벌하기만 했다. 소년이 바랐던 대학의 낭만 따위는 없었다. 심약하기 이를 데 없던 내가 진심으로 어느 섬으로 숨고만 싶던 시절이었다.

20년이나 지났지만 그 시대를 같이 살았던 내 또래, 선후배들은 여전히 삶이 버겁다고 말한다. 지난 20년도 힘들었지만 지금이 한층 더 힘겹다고. 섬으로, 네버랜드로 돌아가고 싶어하는 그들의 마음에 나 역시 공감한다. 그러면서도 어차피 살아야 할 '어른'이기에 조금 더 나은 방법은 없을까 고민한다.

정현종 시인의 〈섬〉을 떠올릴 때마다 함께 떠오르는 시 한 편이 있다. 존 던은 삶의 지혜를 가르친 영국의 시인이다. 그가 남긴 유명한 시 한 편은 후대 문학가들에게 많은 영향을 주었다. 그 시 가운데 한 구절이 어니스트 헤밍웨이의 소설 《누구를 위하여 종은 울리나》의 제목이 되었다. 영문학사에서 그가 차지하는 비중은 헤밍웨이에 못지않다. 우리에게는 시로 알려져 있지만, 원문은 존 던이 세상 사람들에게 전하고픈 잠언 형식의 에세이에 가깝다.

내용의 일부는 아래와 같다.

그 누구도 그 혼자, 섬 전체는 아니라네.

모든 사람은 대륙의 한 조각, 본토의 일부

한 줌의 흙이 바다에 씻겨 내리면 유럽은 그만큼 작아지는 법.

(……)

그러니 누구를 위해 종이 울리는지 알아보려고 사람을 보내지 마라.

종은 그대를 위해 울린다.

나는 거부한다,
내게 좋지 못한 것들을

우울증으로 힘들어하던 서른 즈음, 내 식생활은 심각했다. 식욕이 쓰나미처럼 밀려왔다가 돌연 가뭄처럼 말라버리곤 해 폭식과 결식을 수없이 반복했다. 식사 패턴만이 문제가 아니었다. 햄버거로 세끼를 때우거나, 밥 대신 과자 부스러기로 저녁을 해결하는 날도 비일비재했다. 사람들 앞에서는 가면을 쓴 채 멀쩡하게 식사 잘하는 사람 흉내를 냈지만, 사람들이 없는 곳에서는 몹쓸 식습관에 허우적거렸다. 위통으로 데굴데굴 구르며 죽을 것만 같은 통증에 시달렸던 적도 많았다. 하루는 현기증에 뒤로 넘어져 계단을 구르는 바람에 큰일 날 뻔한 적도 있다.

식생활이 무너지면서 정신도 붕괴되어갔다. 이미 금이 갈 대로

간 마음의 성은 온전히 서 있기조차 어려웠다. 대형 참사가 날 것만 같은 두려움에 나는 밥이라도 제대로 먹자는 결심으로 급하게 시골로 낙향했다. 부모님이 계신 충북의 시골집에 와서야 다시 밥다운 밥을 먹을 수 있었다. 나물과 직접 재배한 채소, 바로 앞 논에서 나온 쌀로 지은 밥을 먹는 건강한 식생활로 안착했다. 돌이켜보건대 마음이 원래대로 회복된 데에는 밥 힘이 적잖은 기여를 했을 것이다.

직접 텃밭에서 기른 상추와 오이, 호박으로 반찬을 해먹는 일이 예사가 되며 내 몸은 더할 나위 없이 청정해졌다. 가끔 상경해 친구들과 만나 안 먹던 음식을 먹을 때면 생기는 강한 역겨움에 내 스스로 놀라곤 했다. 언제부터인가 나는 햄버거라도 먹은 날엔 화장실을 들락날락거리는 몸으로 변해 있었다.

배스킨라빈스의 상속자였으나 억만장자가 되는 길을 박차고 나온 존 로빈스는《육식, 건강을 망치고 세상을 망친다》에서 육식에 대한 근본적인 반성을 촉구한다. 아이스크림을 비롯한 유제품과 축산물의 비밀을 파헤쳐 세상에 고발하며 우리에게 채식주의로 전환할 것을 요청하고 있다.

실제로 나는 아내를 만나기 전 한동안 채식주의에 가까운 생활을 했다. 다른 가족이 고기를 먹는 날도 슬쩍 빠져 고구마나 당근으로 끼니를 해결하곤 했다. 그래서 주변 사람들은 음식 먹는 것이 스님 같다고 핀잔 아닌 핀잔을 하기도 했다. 하지만 음식이 깨끗해질수록 몸도, 마음도, 영혼도 좋아져갔다.

알레한드로 융거의 《클린》은 결혼한 후 아내와 내가 재독을 거듭하며 가장 열심히 읽었던 책이다. 다시 시작한 도시 생활 탓인지, 둘째 아이에게 아토피가 발병하며 적잖은 고민에 휩싸였던 우리 두 사람은 먹을거리에 지대한 관심을 쏟을 수밖에 없었다. 이 책에 실린 지침대로 조금 더 깨끗한 음식으로 상을 차리는 일에 신중을 기했다. 여기에 보태 세계적인 면역학자 아보 도오루나 황성수 박사가 쓴 책들이 바른 식생활을 지켜내는 기둥이 되었다.

《클린》을 지은 융거는 한때 뉴욕에서 잘나가던 심장 전문의였다. 그러나 그 역시 도시의 삶에 길들여지며 차츰 병들었고, 스트레스와 온갖 심리적 문제에 빠져들었다. 문제가 심각해진 그는 자신의 몸과 마음을 깨끗이 하기로 결심하고 다양한 방법과 해결책을 찾아나섰다. 디톡스 프로그램을 시작한 지 3일째가 됐을 때 피로와 배고픔, 두통이 사라졌고, 7일째에는 신기하게도 과민성대장증후군 증상이 싹 가셨다는 그의 체험담은 내 경험과도 일치해 무척 공감이 갔다.

특히 그는 지금까지 이루어진 수많은 디톡스 음식 연구들을 종합해 먹어야 할 것과 먹지 말아야 할 것을 친절하게 구분해준다. 디톡스에 관심이 있는 사람이라면 이 분류 체계가 얼마나 도움이 되는지 이해할 것이다.

현대인들이 심리적 고통에 점점 빠져들어 가는 데에는 사회 문화적 원인도 존재하지만, 한편으로는 극도로 형편없어진 식생활도 그에 일조하고 있다. 우울증으로 고생하는 상처 입은 사람들과 상담을 하다 보면 한결같은 공통점을 발견한다. 음식을 정성스럽게 준비해 여유 있게 즐기며 먹는 사람이 없다는 사실이다. 그들은 먹는 즐거움을 잊은 채 단지 허기와 외로움을 채우기 위해 식사한다. 나는 상담을 통해 그들의 심리적 문제뿐 아니라 식생활과 생활습관의 문제 역시 개선할 방도를 함께 논의하고 있다.

무엇을 먹으며
어떻게 살아갈 것인가

조울증 때문에 찾아온 수진 씨는 콜라를 항상 입에 달고 살았다. 마치 마약이라도 되는 듯 손에서 콜라를 놓지 못했다. 며칠간은 의지를 갖고 참아보려 노력하기도 했지만, 조금이라도 불만이 생기거나 기분이 상하면 어김없이 콜라에 손이 갔다. 이를 지적하는 가족들에게 기분이 상해 입에 담지 못할 욕을 쏟아내기도 했다. 문제는 콜라 자체가 아니라 그 안에 든 정제당이다. 정제당이 수진 씨의 기분을 춤추게 하는 것이다.

반복적으로 남용되는 흰 설탕과 그것으로 만든 음식은 우리의 심성을 산만하고 폭력적으로 이끈다. 몸에 빠르게 흡수돼 혈당을 요동치게 하고 일시적 만족과 우울감 사이에서 롤러코스터를 태운다. 이런 급격한 감정 변화가 반복되면 이 패턴이 우리 뇌와 마음에 내면화되고 구조화되고 만다. 자신이 제어할 수 없을 정도로 기분이 미쳐 날뛰게 되는 것이다.

캐롤 사이먼타치는 《사람을 미치게하는 음식들》에서 우리가 흔히 접하는 음식들이 가진 치명적 정신적 위해성에 대해 경고한다. 그리고 실험을 위해 반대로 영양이 풍부한 아침 대용 음료수를 만들어 아이들에게 먹인 후 심리 변화를 직접 연구했다. 그 결과 감정의 기복과 그로 인해 구조화된 부정적 정서가 많이 사라졌음을 알게 되었다. 그는 사람들에게 말한다. '만약 실험대상 아이들에게 설탕 및 여타 가공식품의 섭취량을 제한하고 과일과 채소를 먹게 했다면 어땠을까? 꼭 필요한 필수지방산과 단백질을 보충해주었더라면 결과는 어떻게 달라졌을까?'

또한 그는 식품첨가제의 위해성을 거론한다. 실제 몇몇 식품첨가제는 자폐증이나 과잉행동장애와 밀접한 관련이 있다. 또 동물 실험을 통해 밝혀진 바에 따르면 식품첨가물은 발암 위험성도 높다. 하지만 그것들이 가진 높은 기능성 탓에 여전히 함량 수치를 제한해 먹을 수 있도록 허용하고 있다. 미량의 발암물질은 당장 암을 일으키진 않더라도 면역력을 훼손하고 저하시키는 주범이 될 수 있다.

이렇듯 영향의 균형을 잃거나 좋지 않은 음식을 먹으면 우리의 정신도 온전하게 유지되기 어렵다. 때론 음식이 그 사람의 인성을 만들기도 한다. 나쁜 음식이나 거기에 길든 입맛은 몸이나 생명뿐 아니라 개인의 영혼까지도 망친다.

인간은 아주 사소한 것에도 크게 반응하는 존재다. 그러므로 매일 먹는 음식에 의해 크게 좌우되는 것은 결코 놀랄 만한 일이 아니다. 우리가 이제부터라도 바른 먹거리에 관심을 갖고 어떤 음식을 어떻게 먹을 것인지 고민해야 하는 이유다.

무엇을 먹으며 어떻게 살 것인가를 고민하는 일은 우리가 몸과 마음의 상처를 회복하고 괜찮은 어른으로 살아가기 위해 꼭 필요한 일이기 때문이다.

치유서를 친구처럼
가까이하는 법

영국에서는 정신과 의사를 찾아가면 약 대신 자기구제 도서^{self-help}를 권한다. 이때 의사가 권하는 책은 보건당국이 연구를 통해 실질적 치유 효과가 있다고 검증한 것이다. 과연 독서 강국다운 면모다. 다음은 내가 임상을 통해 그 효과를 확인하고, 선별한 치유서 목록이다. 마음의 고통에서 자유롭지 못하다면, 우선 불안과 조급함만을 부추길 뿐인 스마트폰을 치우고, 뇌를 산란하게 하는 TV와 컴퓨터 모니터를 끄고, 치유서를 손에 들기 바란다. 뇌의 일부가 아닌 전체를 움직이는 책 읽기는 그 자체만으로도 적지 않은 우울과 불안 경감 효과를 준다. 자신에게 맞는 치유서와 함께라면 그 효과는 배가된다.

냉정히 말해 단지 가벼운 에피소드와 심리학적 사실만을 나열하는 책은 치유의 힘을 발휘하기 어렵다. 진실에 입각해 기술된 심리 서적을 만나는 일부터가 힘들다. 치유서는 문학적이어야 하며 철학적 사유를 밝혀주어야 한다. 온당한 심리학적 이해와 마음의 변화를 수반해야 한다. 우리 삶에 녹아든 문학과 철학, 심리학, 삶의 진실을 온전히 이해하고 감동적으로 전할 힘이 있을 때, 비로소 사람들에게서 치유서라는 명예를 얻을 수 있다.

다음은 그 명칭에 값하는 책 목록이다.

달라이 라마, 《당신은 행복한가》, 문학의 숲, 2012

데이비드 번즈, 《필링 굿》, 아름드리미디어, 2011

댄 베이커 · 캐머런 스타우스, 《인생 치유》, 뜨란, 2012

릭 핸슨, 《행복 뇌 접속》, 담앤북스, 2015

레베카 라인하르트, 《방황의 기술》, 웅진지식하우스, 2011

마틴 셀리그만, 《낙관성 학습》 물푸레, 2012

빅터 프랭클, 《삶의 의미를 찾아서》, 청아출판사, 2005

일레인 N. 아론, 《사랑받을 권리》, 웅진지식하우스, 2010

앤서니 그랜트 · 앨리슨 리, 《행복은 어디에서 오는가》, 비즈니스북스, 2013

M. 스캇 펙, 《아직도 가야 할 길》, 율리시즈, 2011

스콧 스프라들린, 《감정조절 설명서》, 지상사, 2012

소냐 류보머스키, 《How to be happy》, 지식노마드, 2007

스티븐 S. 일라디, 《나는 원래 행복하다》, 말글빛냄, 2012

조너선 하이트, 《행복의 가설》, 웅진지식하우스, 2014

조지 베일런트, 《행복의 완성》, 흐름출판, 2011

주디스 올로프, 《감정의 자유》, 물푸레, 2012

크리스토프 앙드레, 《나라서 참 다행이다》, 북폴리오, 2010

프랑수아 를로르 · 크리스토프 앙드레, 《내 감정 사용법》, 위즈덤하우스, 2008

필립파 페리, 《인생학교 정신》, 쌤앤파커스, 2013

탈 벤 샤하르, 《해피어》, 위즈덤하우스, 2007

황상민, 《독립 연습》, 생각연구소, 2012

나는 내 상처가 제일 아프다

1판 1쇄 발행 2016년 8월 16일
1판 2쇄 발행 2017년 4월 10일

지은이 박민근
펴낸이 고영수

경영기획 이사 고병욱
기획편집 2실장 장선희 **기획편집** 이혜선
마케팅 이일권, 이석원, 김재욱, 곽태영, 김은지 **디자인** 공희, 진미나, 김경리 **외서기획** 엄정빈
제작 김기창 **관리** 주동은, 조재언, 신현민 **총무** 문준기, 노재경, 송민진

교정교열 신혜진 **일러스트** 백두리

펴낸곳 청림출판(주)
등록 제1989-000026호

본사 06048 서울시 강남구 도산대로 38길 11 청림출판(주) (논현동 63)
제2사옥 10881 경기도 파주시 회동길 173 청림아트스페이스 (문발동 518-6)
전화 02-546-4341 **팩스** 02-546-8053
홈페이지 www.chungrim.com
이메일 redbox@chungrim.com

ⓒ 박민근, 2016

ISBN 978-89- 89456-92-6 (03180)